바빌론 최고의 부자

The Richest Man In Babylon

돈과 재산을 불리는 7가지 원칙

바빌론 최고의 부자

조지S.클래이슨 지음 | 안희탁 옮김

지식여행

서문

한 국가의 번영은 국민 개개인의 경제적 번영에 따라 결정됩니다.

이 책은 개인의 성공을 다루고 있습니다. 그런데 성공의 의미는 무엇일가요? 개인의 성공은 각자의 노력과 능력이 만들어낸 성취와 의미있는 결실을 말합니다. 성공을 위해서는 당연히 필요한 적절한 준비가 있어야 합니다. 적절한 준비가 바로 성공의 열쇠이기 때문이죠. 이 책은 적절한 준비를 위해서는 그에 맞는 생각과, 적절한 생각을 위해서 필요한 '경제적 번영'에 대한 이해를 보여 줍니다.

당신의 얄팍해진 지갑을 다시 두툼하게 만들어 줄 이 책은 '돈의 흐름을 이해하기 위한 재정 지침서'라 할 수 있습니다. 실제로 이 책은 경제적 성공을 열망하는 사람에게 돈을 벌게 해주고, 그렇게 번 돈을 지키고, 지킨 돈으로 더 많은 돈을 벌어들이는 방법을 제시합니다.

이 책에서 우리는 번영했던 바빌론으로 돌아가게 됩니다. 고대 바빌론 시대는 오늘날까지 전세계에서 통용되는 금융의 기본 원칙과 원리가 처음 시작된 곳입니다.

이 책은 처음에 작은 책자로 간행된 것들을 다시 엮은 것입니다. 그 책자에 담긴 이야기들로 인해 은행 계좌의 숫자를 늘려가고 경제적인 문제를 해결할 수 있었다는 독자들의 뜨거운 반응에 이제 그 이야기를 더 많은 사람들과 공유하고자 합니다.

책자로 엮어진 이 이야기를 친구와 친척, 직원과 동료에게 칭찬을 아끼지 않고 배포해준 기업의 경영자들에게도 이 기회를 빌려 감사의 말을 전합니다. 기업 현장에서 일하는 사람들의 찬사가 최고의 추천서였습니다. 그들이야말로 이 책에 씌어진 원리를 그대로 적용하면서 엄청난 돈을 벌어들이고 있는 주역들입니다.

바빌론이 고대 세계에서 가장 풍요로운 도시였던 이유는 바빌론 시민들이, 바빌론의 개개인들이 당시 세계에서 가장 부유했기 때문입니다. 그들은 '돈의 가치'를 높이 평가했고, 금융의 원리를 제대로 파악하고 금융의 법칙을 착실히 지키면서 돈을 벌고, 돈을 지키고, 그 돈으로 더 많은 돈을 벌어들였습니다. 요컨대 그들은 우리 모두가 원하는 것, 즉 미래를 위한 수입[돈]을 마련해 두었던 것입니다.

조지S. 클래이슨

차례

1장

황금을
갈망하는 남자

땀 흘리며 열심히 일하는데
왜 돈이 모이지 않을까?

바빌론에서 수레를 만들며 근근히 살아가는 남자 반시르는 집을 에워싼 낮은 돌담 위에 앉아서, 초라한 자신의 집과 아직 다 만들어지지 않은 수레가 놓여 있는 작업장을 슬픈에 잠긴 눈빛으로 바라보고 있었다. 문 밖으로 얼굴을 내밀어 남편의 얼굴을 흘긋거리는 아내의 눈빛에는 먹을 것이 떨어진 지 오래여서 빨리 수레를 완성시켰으면 하는 바람이 간절하다. 그래도 반시르는 미동도 하지 않는다. 그는 해답을 알 수 없는 어떤 문제 때문에 고민하는 중이었다.

유프라테스 강물 위로 이글거리는 뜨거운 한낮의 태양 때문에 맺힌 땀방울이 목덜미를 타고 내려가 털이 덥수룩한 가슴으로 스며든다. 그의 눈 앞에는 왕궁의 테라스가 높이 솟아 있고 그 옆에는 다양한 색으로 치장한 벨(Bel-Marduk: 바빌로니아 최고의 신, 우주의 주인이며 지배자. 그리스의 제우스와 로마의 신 주피터와 같은 존재다)신전의 탑이 하늘을 찌를 듯한 기세로 솟아 있다. 화려한 건물 아래로 초라한 그의 집과 그보다 더 남루한 집들이 빼곡하게 들어차 있다. 성벽 안에는 화려움과 더러움, 부와 빈곤이 공존하고 있었다. 여기가 바로 바빌론이다.

그의 등 뒤로 부자들의 마차가 지나가면서 신발도 신지 못한 거지들과 장사꾼들을 큰소리로 몰아내고 있다. 하지만 그 부자들도 염소 가죽 주머니에 물을 가득 채운 채 궁중 정원으로 운반하는 왕의 노예들에게는 길을 비켜 주어야 했다. 하지만 아까

부터 자신의 문제만 골똘히 생각하던 반시르는 그 시끄러운 소리조차 들리지 않았다. 그때 그의 귀에 익은 하프 소리에 정신을 차리고 돌아보니 친구 코비가 웃으며 서 있었다.

"친구여, 신의 가호가 있기를."

코비가 정중하게 인사말을 건넸다.

"반시르, 자네는 일을 하지 않아도 될 정도로 돈을 잘 버는 모양이군. 나도 기쁘네. 지갑이 두둑하지 않다면 일에 쫓기고 있을 텐데 말이지. 그럼 2셰켈(수메르의 화폐단위)만이라도 나한테 빌려줄 수 있겠나? 오늘 밤 귀인의 만찬이 끝난 뒤에 사례비를 받아서 돌려주겠네."

"2셰켈만이라도 있다면 얼마나 좋겠나?"

반시르가 무겁게 입을 열었다.

"빌려줄 돈이 없네. 아무리 친구라 해도 말이야. 2셰켈이 있다면 그것은 아마 내 전 재산일 거야. 전 재산을 빌려주는 사람이 과연 이 세상에 있을까? 아무리 친한 친구라 해도 말일세."

"뭐라고?"

코비는 깜짝 놀랐다.

"지갑에 한 푼도 없으면서 왜 그렇게 동상처럼 앉아 있는가? 수레를 만들면 되지 않나? 안 그러면 꿈은 이루어지지 않아. 자네답지 않군. 의지는 어디로 가버렸지? 무슨 일이라도 있었나? 신의 노여움을 사기라도 한 거야?"

"확실히 그런 것 같아."

반시르가 고개를 끄덕였다.

"꿈을 꾸었네, 내가 부자가 된 꿈을…… 나는 돈이 가득 든 멋진 지갑을 허리춤에 차고 있었어. 동전은 거지에게 주었지. 아내에게는 은화로 아름다운 옷을 사주고, 내가 원하는 물건들도 샀어. 은화를 쓸 때 불안하기도 했지만, 금화가 아직 많이 남아 있는 걸 확인하고는 불안도 사라졌지. 미래에 대한 걱정도 사라지고 말로 표현하기 힘든 만족감을 느꼈다네. 그런 내 모습을 보기는 처음이었어. 아내의 얼굴이 행복으로 빛나더군. 신혼 때처럼 행복하게 웃던 그 모습으로 돌아가 있었어."

"좋은 꿈 아닌가?"

코비가 물었다.

"그렇게 멋진 기분을 맛보고도 왜 동상처럼 돌담 위에 앉아 있는가?"

"왜냐고? 눈을 떴을 때 내 지갑에는 한 푼도 없었거든. 우리 얘기를 좀 해보세. 우리는 서로 비슷한 사람들이야. 어렸을 때 설교도 함께 들었고 젊은 시절에는 함께 놀았지. 그리고 지금도 친구야. 일을 해서 모은 돈을 마음껏 쓰면서 즐기기도 했어. 하지만 아무리 돈을 모아도 돈이 주는 즐거움을 알 수가 없어. 그저 꿈만 꿀 뿐이지. 짐승과 다를 게 없어.

우리는 세상에서 가장 부유한 나라에 살고 있네. 여행자들도 여기보다 더 풍요로운 나라가 없다고들 하지. 주위에 돈이 넘쳐나는데 나는 그 돈을 가질 수 없다니. 반평생을 고생했는데 친구마저 돈이 없어 '2셰켈만 빌려주게'라는 부탁을 하다니. 자네는 내가 '자 내 지갑이야. 가지고 가게'라고 말할 줄 알았나? 농담이 아니야. 내 지갑도 텅텅 비었다네. 도대체 뭐가 문제일까? 왜 금과 은은 내 손에 들어오지 않는 걸까? 음식이나 옷 이상의 물건은 가질 수가 없어.

어릴 때를 생각해봐. 지금 우리는 부모와 똑같은 모습이 되어 있지 않은가? 이렇게 풍요로운 도시에 살고 있는데 친구들이나 우리 자손들은 염소젖과 죽으로 연명하고 있지 않나?"

"자네를 오랫동안 알아 왔지만 이런 이야기를 하는 자네 모습은 처음 보는군."

코비가 당황한 기색으로 말했다.

"처음이지. 나는 아침부터 밤까지 누구에게도 지지 않는 최고의 수레를 만들기 위해 일해 왔어. 속으로 언젠가는 신이 보답해주리라고 기대를 하면서 말이야. 그런데 아무것도 보답해주지 않아. 앞으로도 그럴 거야. 그러니 어찌 슬프지 않을 수 있겠나? 나는 부자가 되고 싶어. 땅과 가축을 소유하고 좋은 옷과 두툼한 지갑을 갖고 싶어. 그러기 위해서라면 모든 기술과 지혜를 동원해서 기쁜 마음으로 일을 할 거야. 나는 충분한 보상을 받고 싶어. 뭐가 문제일까? 다시 한번 묻겠네. 부자들은 원하는 만큼 물건을 살 수 있는데 우리는 왜 그럴 수 없는 걸까?"

"나도 그 해답을 알고 싶군. 나도 자네와 똑같아. 하프를 연주해서 번 돈은 금세 동이 나서 가족들이 거리로 나앉게 되면 어떻게 하나 항상 고민을 해. 사람들의 심금을 울리는 음악을 연주할 수 있는 커다란 악기도 갖고 싶어. 그것만 있으면 국왕 폐하도 들어본 적이 없는 멋진 곡을 연주할 수 있을 텐데……."

"맞아. 자네에게는 그런 악기가 필요해. 자네만큼 황홀한 음색으로 하프를 연주할 수 있는 사람은 없어. 왕은 물론이고 신도 기뻐할 거야. 하지만 노예와 같은 생활을 하면서 어떻게 그럴 수가 있겠나? 어? 방울 소리다. 노예들이 온다!"

그는 지친 발걸음으로 물을 길어 돌아오는 노예들의 긴 행렬을 가리켰다. 그들은 강에서 좁은 도로로 들어서고 있는 중이었다.

"멋진 남자가 선두에서 지휘를 하고 있군."

코비는 맨 앞에서 방울을 흔들고 있는 남자를 지목했다.

"자기 고향에서는 유명한 사람이었겠지."

"노예들 사이에도 그런 사람들이 있어."

반시르가 맞장구를 쳤다.

"저들도 우리와 같은 사람들이야. 키가 큰 금발은 북쪽 나라, 웃고 있는 흑인은 남쪽 나라, 키가 작은 갈색 피부의 남자들은 가까운 나라 출신이지. 저들은 일 년 내내 강에서 물을 길어 나르고 있어. 저들에게 행복이 있을까? 저들은 볏짚 위에서 자고,

딱딱하게 굳은 죽만 먹고 살아. 불쌍하다고 생각하지 않나, 코비?"

"불쌍하지. 하지만 자유인인 우리도 별 차이가 없다는 생각이 들어."

"코비, 분하지만 그게 사실이야. 우리는 매일 노예와 같은 생활을 하고 있어. 일만 하느라 다른 곳에 갈 수 없으니 말이야."

"부자가 되는 방법을 찾아보면 어떨까?"

"경험자에게 물어보면 비법을 알 수 있을 거야."

반시르가 곰곰히 생각하다가 대답했다.

"사실은 조금 전에 황금 전차를 탄 옛 친구 알카드를 만났어."

코비가 말했다.

"부자들은 대부분은 우리를 무시하는데 그는 그러지 않더군. 무시하기는커녕 거리를 지나는 사람들이 다 알 수 있을 정도로 반갑게 인사를 하더라고."

"그가 바빌로 최고의 부자라는 소문이 있어."

반시르가 감개무량한 듯 말했다.

"국왕도 그에게 도움을 받았다고 하던데."

"그 정도로 부자인가? 어둠 속에서 그를 만난다면 지갑을 훔칠 수도 있겠지?"

"쓸데없는 소리 말게."

코비가 반시르에게 말했다.

"부는 지갑 속에 있는 것이 아니야. 아무리 두툼한 지갑을 가졌다고 해도 쓴 만큼 돈을 계속 채워 넣지 않으면 금세 텅 비게 되지. 알카드에게는 아무리 돈을 써도 지갑이 비지 않을 만큼의 수입이 있는 거야."

"그래! 바로 그 수입을 원하는 거야!"

반시르가 큰 목소리로 말했다.

"어떻게 벽 위에 서 있거나 여행을 하는 동안에도 항상 내 지갑을 채워줄 수 있는 수입을 원해. 알카드는 분명히 그 방법을 알고 있겠지. 내 머리로도 이해할 수 있을까?"

"그 아들도 그 방법을 알고 있을 거야."

코비가 말했다.

"맞아 나도 여관에서 들었어. 아버지의 도움 없이 어떻게 그가 니네베(Nineveh: 현재 이라크의 모술 지방. 고대 아시리아의 수도)에서 부자가 되었겠나?"

"코비, 자네 덕분에 깨달았어."

반시르의 눈이 빛났다.

"친구에게 조언을 듣는다고 돈이 들지는 않아. 알카드는 좋은 친구야. 이렇게 돈이 흘러넘치는 도시에서 가난한 생활을 하는 것도 이제 지쳤어. 나는 부자가 되고 싶어. 알카드에게 가서 돈 모으는 방법을 물어보면 어떨까?"

"반시르, 자네 덕분에 나도 눈을 떴네. 부자가 되지 못한 이유를 알았어. 우리가 부자가 되지 못한 것은 그 방법을 연구하지 않았기 때문이야. 자네는 바빌론에서 누구보다도 열심히 가장 튼튼한 수레를 만들어 왔어. 모든 노력을 기울여서 성공한 거야. 나는 하프의 명인이 되기 위해 노력했고 성공했지. 각자 최선을 다한 분야에서 성공했어.

계속 그렇게 노력하는 것이 신의 뜻이라고 생각했지. 하지만 오늘 드디어 빛이 보이기 시작했어. 떠오르는 태양처럼 눈부신 빛이…… 그 빛은 부자가 되는 법을 배우라고 말하고 있어. 분명 소원을 이룰 수 있는 멋진 방법을 발견할 수 있을 거야."

"오늘 당장 알카드를 만나러 가야겠어."

반시르는 가슴이 벅차올랐다.

"우리와 같은 처지에 있는 소꿉친구들도 데리고 가야지. 알카드의 지혜를 같이 나누고 싶어."

"반시르, 자네는 친구를 생각하는 마음이 참으로 깊군. 그래서 친구가 많은 거야. 자네 말대로 하세."

2장

바빌론 최고의 부자

자신을 위해
수입의 일부를 떼어 놓아라

당시 바빌론에는 대부호 알카드가 살고 있었다. 그는 엄청난 부를 가진 것으로 알려져 있었고 배짱이 두둑하기로도 유명했다. 그는 가족들이나 다른 사람들에게 넉넉하게 돈을 쓰면서도 언제나 그 이상의 수입이 생겼다.

친구들이 그에게 물었다.

"알카드, 자네는 우리가 생활고에 허덕이는 사이에 바빌론 최고의 부자가 되었네. 우리는 가족을 먹이고 입히기도 힘든데 자네는 최고의 옷을 입고 최상의 음식을 먹고 있지 않은가?

예전에는 우리 모두 똑같았지. 같은 선생님께 배웠고 함께 뛰어놀았어. 자네는 공부도 그렇고 남보다 특별하게 뛰어나지는 않았지. 우리와 똑같은 평범한 사람이었어. 우리가 아는 한 자네가 남들보다 더 열심히 일했거나 신앙심이 각별하지는 않았는데 말이야. 그런데 왜 행운은 우리를 저버리고 자네에게만 미소를 지었을까? 어떻게 자네만이 이 세상의 사치를 누릴 수 있게 했을까?"

알카드는 친구들을 딱하게 여기며 대답했다.

"자네들이 일상에 필요한 물건 이상의 것을 얻지 못한 이유는 부를 쌓는 방법을 배우지 못했던가, 아니면 알고 있으면서도 실천하지 않았기 때문이네.

'행운'은 아주 심술꾸러기 여신이라 누구에게나 미소를 짓지는 않아. 황금을 얻고 기뻐하는 사람들을 몰락시키기도 하고 홍

청망청 낭비하는 사람도 만들어내곤 하지. 번 돈을 몽땅 써버린 사람들은 고통스러워하지. 반대로 한 번 돈을 쓰면 원래대로 보충할 수 없다는 생각 때문에 돈 쓰는 것을 극도로 두려워해서 수전노가 되는 이들도 있어. 그들은 부를 감추고 살아가지.

아무 노력 없이 황금을 얻고 그것을 불리며 여유로운 생활을 즐기는 사람들도 있긴 하지만 그런 사람들은 아주 극소수라네. 나도 그런 사람들이 있다는 말만 들었을 뿐이야. 갑자기 유산을 상속받은 사람들의 경우를 떠올리면 내 이야기가 맞는지 틀리는지 알 수 있을 걸세."

친구들은 자신의 주위에 실제로 재산을 상속받은 사람이 있는지를 생각해보고는 그의 말이 옳다는 사실을 인정했다. 그리고 그가 어떻게 이만큼의 부를 축적하게 되었는지 설명해주기를 부탁했다.

알카드가 말을 이었다.

"나는 젊은 시절에 행복과 만족을 가져다주는 것이 무엇인지 찾아 해맸다네. 그리고 부(富)가 모든 것의 가능성을 열어줄 열쇠라는 것을 알게 되었지.

부는 힘이다.
부가 있으면 많은 것들이 가능해진다.
부가 있으면 최고급 가구로 집을 장식할 수 있다.

배를 타고 세계 일주도 할 수 있다.

금은보화로 만든 장신구를 살 수 있다.

신전도 지을 수 있다.

몸과 마음을 즐겁게 해주는 많은 일들을 할 수 있다.

이 사실을 깨닫고 나도 멋진 생활을 해야겠다는 결심을 했지. 다른 사람의 행복이나 부러워하는 사람이 되지는 않겠다. 값싼 옷에 만족하지 않겠다. 빈곤한 생활에 안주하지 않겠다. 스스로를 윤택한 생활로 이끌겠다고 결심을 한 거지.

자네들도 알다시피 나는 가난한 상인의 아들로 태어났네. 유산을 기대할 수 없는 대가족의 일원이었고, 자네들이 방금 말한 대로 특별한 힘이나 지혜를 타고나지도 못했어. 내 꿈을 이루는 데 필요한 것은 시간과 배움뿐이었다네.

시간은 누구에게나 충분하지만, 대부분의 사람들이 그 시간을 부자가 되는 곳에 활용하지 못하지.

이제는 배움에 관한 이야기를 하지. 배움에는 두 종류가 있다고 하네. 하나는 지식이고 또 하나는 교훈일세. 자기가 모르는 것을 깨우쳐주는 것이 교훈이지.

나는 어떻게 하면 부를 축적할 수 있는지 연구했어. 그리고 그 방법을 깨우친 순간, 그것을 실천해서 성공하겠다고 결심을 했다네. 어둠이 오기 전에 즐기는 것이 현명한 선택 아닌가? 저

세상으로 떠나면 슬픔만 남을 뿐이야.

나는 '기록의 대광장'에서 필경사(筆耕士)로 일하고 있었는데 종일 점토판을 쥐고 있어야 하는 일이었어. 한 달 또 한 달, 아무리 열심히 일해도 번 돈은 모두 사라져버리더군. 음식과 옷을 사고 신에게 바칠 헌금을 내고 나면 흔적도 없이 사라져 버렸지. 그렇지만 내 결심은 변하지 않았어.

어느 날, 시장님을 방문한 대금업자 아르가밋슈가 '제9의 법전'을 필사해달라고 내게 부탁하더군.

'이틀 후에 필요한 것인데 그때까지 완성하면 동화(銅貨) 두 닢을 주지.'

이틀 안에 완성하려고 노력했지만, 법전이 너무 길어서 아르가밋슈가 올 때까지 완성할 수가 없었지. 그는 불같이 화를 냈다네. 내가 노예였다면 분명히 매를 맞았을 테지만 시장님이 매질을 금지하고 있다는 사실을 알고 있었기 때문에 오히려 당당하게 그에게 말할 수 있었지.

'아르가밋슈, 당신은 큰 부자가 아닙니까? 부자가 되는 방법을 제게 가르쳐주신다면 오늘 밤 안으로 모두 끝내 놓겠습니다. 내일 아침이면 완성품을 보실 수 있을 겁니다.'

'빈틈없는 사람이군. 좋아, 약속하지'라고 웃으며 그가 대답하더군.

그날 밤, 촛불의 초가 녹으면서 나는 심지 냄새 때문에 머리가 지끈거리고 등이 아플 정도로 일을 했어. 눈도 뜨지 못할 정도로, 다음 날 해 뜰 무렵에는 법전이 완성되어 있었지.

'자 약속했던 이야기를 들려주십시오.'

'그대는 그대가 할 일을 완수했다. 그렇다면 이번에는 내 차례다.'

그가 정중하게 대답하더군.

'이 이야기를 해주는 것은 내가 나이가 들었기 때문이야. 늙으면 이야기하는 것을 좋아하게 되지. 나이 든 사람에게 조언을 구하면 오랜 세월 쌓인 지혜를 얻을 수 있는데, 대부분 젊은 사람들은 나이 든 사람들의 지혜를 낡은 것으로 생각해서 아무것도 얻지 못한다네. 하지만 절대로 잊으면 안 돼. 지금 빛나는 저 태양은 그대의 아버지가 살아 있을 때도 빛나고 있었다는 사실을. 그리고 자네 손자의 인생이 끝날 때도 마찬가지로 빛나고 있을 것이라는 사실도.

젊은이들의 생각은 어쩌다 한 번씩 밤하늘에 밝게 빛나는 혜성과 같은 것이야. 하지만 노인들의 지혜는 늘 같은 자리에서 밤하늘을 비추고 배들이 항해할 때 기준이 되는 북극성과도 같아.

내 말을 한마디도 놓치지 말게나. 그렇게 하지 않으면 진리를 놓쳐서 어젯밤의 고된 노동도 소용없는 일이 되어 버릴지 모르네.'

그러고는 짙은 눈썹 아래 예리한 시선으로 나를 응시하면서 강하고 낮은 목소리로 말했네.

'나는 수입 일부를 나 자신을 위해 떼어 놓기로 결심한 순간, 부자가 되는 길을 발견했어. 자네도 그렇게 될 것이네.'

그는 사람의 마음을 꿰뚫어 보는 눈빛으로 나를 주시하더군.

'그것뿐입니까?'

내가 물었어.

'양치기의 마음을 부자의 마음으로 바꾸려면 이것만으로도 충분해.'

'하지만 자기가 번 돈은 당연히 자기 것 아닙니까?'

'말도 안 되는 소리. 자네는 옷 가게에서 가서 돈을 지불하지 않나? 신발을 만드는 사람에게 돈을 지불하지 않나? 또 식료품을 살 때도 돈을 지불하지. 돈을 쓰지 않고 이 도시에서 살아갈 수 있나? 그런데, 이번 달에 번 돈이 아직 남아 있나? 작년에 번 돈은 어떤가? 바보 같은 일이지. 다른 사람을 위해서만 돈을 쓰고 있지 않은가? 노예와 다를 것이 별로 없지. 자네 수입의 10분의 1을 자신을 위해 떼어 놓는다면 십 년 후에는 얼마가 될까?'

계산은 간단했지. 나는 '일 년간의 수입'이라고 대답했어.

그러자 그는 '사실은 그 두 배일세'라고 대답하더군.

'그렇게 모은 금화는 모두 자네를 위해 돈을 벌어오는 노예라고 할 수 있네. 금화가 벌어들이는 동화(銅貨)는 그 노예의 자식들이지. 이 동화들도 자네를 위해 돈을 벌어 올 걸세.

부자가 되고 싶으면 노예가 돈을 벌어오게 만들고 그 노예의 자식들도 돈을 벌게 해야지. 이 모든 것이 자네가 원하는 꿈을 실현시키기 위한 수단이라네.

거짓말이라고 생각하나? 자네에게 진리를 깨닫는 지혜가 있다면, 내가 지금 법전 필사에 대한 삯보다 천 배나 되는 보수를 지불하고 있다는 사실을 알게 될 걸세.

수입 일부를 자신을 위해 떼어 놓게. 수입이 아무리 적더라도 10분의 1이하면 안 되네. 아무리 적은 액수라도 일단 스스로를 위해 돈을 지불해야 해. 그렇게 해도 음식을 사거나, 남을 돕거나, 신에게 헌금할 돈은 충분할 걸세.

부(富)는 나무처럼 작은 씨앗에서 자라나지. 자네가 처음으로 모은 동전이 돈나무를 키우는 씨앗인 셈이야. 씨를 빨리 뿌릴수록 나무도 빨리 자라나지. 물과 양분을 성실하게 공급해주면 자네가 그 나무 그늘에서 쉴 수 있는 날이 점점 더 가까워져 오는 거라네.'

여기까지 이야기를 마치고 그는 점토판을 들고 가버렸어. 그가 한 이야기를 곰곰이 생각해보니, 꽤 그럴듯해 보였지. 그래서 그대로 나도 실행해 보기로 했다네. 보수를 받을 때마다 동화 열 닢에서 한 닢씩 빼서 감춰 두었어. 신기하게도 전에 비해 돈이 부족하다는 느낌은 들지 않더군. 생활하는 데에 아무 어려움이 없어서 번 돈을 전부 다 쓸 때와 비교해 무엇이 다른지 알 수 없을 정도였어. 저축이 늘어나니까 페니키아에서 수입한 물건을 사고 싶은 욕심이 생겼지만 슬기롭게 그 욕구를 억눌렀지.

1년 후에 아르가밋슈가 와서 말하더군.

'최소한 수입의 10분의 1을 스스로에게 투자했는가?'

'물론입니다. 선생님.'

나는 자신 있게 대답했다네.

'잘했군.'

그가 미소를 지으며 대답했어.

'그것을 어디에 썼는가?'

'벽돌을 만드는 장인인 아주무르에게 건네주었습니다. 바다 건너 티레(Tyre: 고대페이키아의 해안 도시)로 가서 페니키아의 귀한 보석을 사다 준다고 합니다. 그가 돌아오면 그것을 비싸게 팔아 둘이 이익을 나누어 가질 생각입니다.'

'어리석은 일을 했군.'

그가 한숨을 쉬었지.

'왜 보석에 관한 일을 벽돌 만드는 이에게 부탁했나? 자네는 별점을 보러 빵 가게에 가는가? 생각하는 힘이 있는 사람이라면 점성술사에게 가서 물을 테지. 자네의 저축은 날아갔네. 돈이 될 수 있는 나무를 뿌리째 뽑아버린 걸세. 대신 다음부터는 보석에 관한 일은 보석업자에게 묻고, 양에 대해서는 양을 키우는 사람에게 물어보게. 조언을 공짜로 얻을 수는 있지만, 가치 있

는 것만 선택해서 들어야 한다네.'

그 말만 남기고 나가버렸어.

그런데 그가 말한 그대로였어. 교활한 페니키아인이 보석처럼 보이는 유리를 속여서 판 거야. 하지만 나는 아르가밋슈가 말한 대로 다시 한번 수입의 10분의 1을 모으기 시작했어. 이미 습관이 되어 있었기 때문에 별로 어려울 것은 없었지.

1년 후에 아르가밋슈가 다시 필경사의 방으로 방문했어.

'그 후로 진전이 있었나?'

'스스로에게 성실하게 투자하고 있습니다. 돈은 청동이 필요한 방패 장인 아가르에게 빌려주었습니다. 그는 넉 달에 한 번씩 이자를 줍니다.'

'잘했군. 그 이자는 어디에 사용했나?'

'벌꿀과 고급술, 고급 향료로 만든 과자를 사 먹었습니다. 아 그리고 저를 위해 붉은색 옷도 한 벌 샀습니다. 곧 당나귀도 사서 타고 다닐 생각입니다만……'

그러자 아르가밋슈가 웃더군.

'자네는 저축의 자식(이자)을 먹어 버렸군. 그러면 자식이 돈을 벌어 올 수가 없으니 당연히 돈을 벌어오는 손자도 생기지 않지. 일단 돈을 벌어 올 종잣돈을 손에 넣어야 해. 그렇게 하면 나중에는 원 없이 맛있는 것을 먹을 수 있게 되지.'

그는 그렇게 말하고는 사라졌어. 그 후 2년간 그를 보지 못했다네. 아르가밋슈를다시 만났을 때, 그의 얼굴에는 굵은 주름이 패여 있었고 눈꼬리가 아래로 처져 있더군. 나이가 많이 든 거지.

'알카드, 자네는 꿈에도 그리던 부를 아직 손에 넣지 못했는가?'

나는 대답했어.

'전부는 아니지만 조금은 이루었습니다. 저축이 이익을 낳고, 그 이익이 또 다른 이익을 낳고 있습니다.'

'아직도 벽돌 만드는 이에게 조언을 듣는가?'

'벽돌에 관한 일이라면 훌륭한 조언을 해주고 있습니다.'

내가 대답하자 아르가밋슈가 말했지.

'알카드, 아주 잘 배웠네. 자네는 수입보다 적은 돈으로 생활하는 방법을 배웠고 그 분야의 경험자들로부터 조언을 얻었지. 그리고 마침내 돈을 굴리는 법을 알게 된 거야. 어떻게 돈을 벌어 모으고 사용할지를 스스로 터득한 거야.

자네는 책임 있는 지위에 어울리는 사람이 되었네. 나는 이제 나이가 너무 많아. 자식들은 돈을 쓰기만 할 뿐, 벌 생각을 하지 않네. 내 자산은 규모가 너무 커서 나 혼자서는 도저히 관리할 수 없다네. 니푸르(유프라테스강 동쪽의 도시)로 와서 내 자산을 관리해주면 자네를 내 파트너로 삼고 재산을 나누어주겠네.'

그렇게 나는 니프르로 가서 그의 토지를 관리하게 되었어. 엄청나게 광대한 땅이었지. 나는 큰 야망이 있었고, 부를 효율

적으로 관리하는 세 가지 방법을 배웠기 때문에 자산 가치를 크게 늘릴 수 있었다네. 그래서 큰 성공을 거두었고, 아르가밋슈가 세상을 떠날 때 그의 유언에 따라 내 몫의 유산을 상속받은 거야."

알카드가 이야기를 마치자 친구 중의 한 명이 그에게 말했다.

"정말 운이 좋은 사람이군. 아르가밋슈의 상속인이 될 수 있었다니!"

"그와 만나기 전부터 부자가 되고 싶다고 생각하고 있었던 것이 행운인 거지. 나는 4년 동안 수입의 10분의 1을 꾸준히 저축하면서 내 목표를 분명히 했어. 몇 년 동안 물고기의 습성을 열심히 연구해서 바람의 방향에 따라 자유자재로 그물을 던질 수 있게 된 어부를 '행운아'라고 부를 수 있겠나? 행운의 여신은 자존심이 강해서 게으른 사람에게는 절대 미소짓지 않아."

"처음 일 년 동안 저축한 돈을 잃고도 저축을 계속했다니 참 강인한 의지의 소유자로군. 그 의지력은 자네의 재능인가?"

또 다른 친구가 물었다.

"의지력이라고 했나? 의지력이 전부는 아닐세."

알카드가 대답했다.

"낙타에게 실을 수 없는 짐, 소가 운반할 수 없는 짐을 의지의 힘으로 움직일 수 있다고 생각하나? 한번 하겠다고 정한 일을 끝까지 해내는 것, 그 정신이 바로 의지야. 나는 한번 하겠다고 정한 것은 아무리 사소한 일이라도 해내고 말지. 그렇게 하지 않으면 큰일을 할 수 있다는 자신감이 생기지 않거든. '400일 동안 매일 다리 위에서 자갈을 던지고 시내로 들어간다'라고 정했으면 반드시 그 일을 하는 거야. 7일째에 깜빡 잊었더라도 '내일 두 개 던지지 뭐'라고 변명하면 안 돼. 가던 길을 되돌아와서 돌을 던져야지. 20일째 누군가가 '알카드, 그런 일은 해서 뭐 하겠다는 거야? 그냥 한꺼번에 던지고 끝내버려'라고 속삭여도 계속 던져야 해."

또 다른 친구가 일어났다.

"자네 말은 충분히 이해할 수 있지만, 모두가 그렇게 해서 부자가 되면 돈이 모자라게 되지 않을까?"

"돈은 어디서든 생겨나게 되어 있어. 부자가 대저택을 지을 때 들어가는 돈이 전부 사라지나? 벽돌을 만드는 사람에게 돈의 일부가 돌아가고, 노동자들에게도, 예술가들에게도 돈이 돌아가지. 집을 지을 때 일한 모든 사람이 돈을 버는 거야. 완성된 저택은 돈을 쓴 만큼 부가가치가 생기고 땅값도 오르겠지. 주변의 땅값도 오르기 마련이고, '부'라는 것은 신기한 방법으로 불어난다네. 어디까지 불어날지는 아무도 예상할 수 없어. 페니키아 상인들은 해상 무역으로 벌어들인 돈으로 그렇게 구석진 해안에 대도시를 건설하지 않았나?"

"그럼 우리가 부자가 되기 위해서는 어떻게 해야 하나? 이미 나이도 들었고 저축도 없는데…….”

다른 친구가 질문했다.

“아르가밋슈의 지혜를 따라서 ‘수입 일부를 자신을 위해 떼어둔다.’라고 자신에게 말하는 거야. 이 말을 아침에 되뇌고, 점심, 저녁, 밤마다 매번 그렇게 하는 거야. 이 문구가 마음속에서 선명하게 새겨질 때까지 스스로에게 말해야 해.

마음속에서 이 생각을 새기는 거야. 이 생각으로 가득하게 말이야. 아무튼, 스스로를 위해 수입의 일부를 떼어 놓아야 해. 그 액수가 수입의 10분의 1이하면 안 돼. 그 돈을 저축하게. 필요하다면 다른 지출을 줄여서라도 수입 일부를 저축해야 하네. 그러면 나 혼자만 아는 보석이 생겼다는 느낌에 마음이 풍요로워질 걸세. 돈이 늘어나면 두근거리는 새로운 기쁨에 가슴이 설레 점점 더 열심히 돈을 벌게 된다네. 수입이 늘수록 자신만의 돈도 늘어나니까 말이지.

그리고 그 돈에 일을 시키게. 자네들의 노예로 만들어 그 자식에게도, 손자에게도 일을 시키는 거야.

미래를 위한 수입도 확보해야 하네. 나이 든 사람들을 보면서 언젠가는 나도 저렇게 된다는 사실을 잊지 말고 재산을 잃지 않도록 세심한 주의를 기울이면서 투자를 해야 하네. 터무니없이 높은 이자는 부주의한 사람들을 손실과 후회로 유혹하는 마녀라고 생각하게.

내가 저세상으로 갈 때 가족들이 어려움을 겪지 않도록 마련해두게 가족들을 지키려면 정기적으로 돈이 들어오도록 해두는 것이 좋아. 부자는 이런 현명한 목적을 위해 큰돈을 이용하는 기회를 놓치지 않는 법이라네.

현명한 사람과 상담하게. 돈과 관련된 일을 하는 전문가에게 조언을 구하게. 벽돌을 만드는 사람에게 돈을 맡긴 내 실수를 타산지석으로 삼게나. 큰돈을 벌려고 하는 것보다 적은 돈을 현명하게 버는 것이 훨씬 더 낫다네.

살아 있는 동안 인생을 즐겨야 하네. 큰돈을 저축하려고 하지 말고 무리 없이 수입의 10분의 1을 저축할 수 있다면 그걸로 만족하고 수입에 맞는 생활을 하게. 너무 돈을 아끼다가 미련이 남으면 안 돼. 인생은 멋진 거야. 가치 있는 것, 즐겨야 할 것들로 가득 차 있어."

친구들은 감사 인사를 하고 그 자리를 떠났다. 아무 말도 하지 않은 이들도 있었다. 그들은 상상력이 부족해서 알카드의 이야기를 이해할 수 없었던 것이었다. 비꼬는 이들도 있었다. 그들은 큰 부자라면 가난한 친구에게 은혜를 베풀어야 한다고 생각했다.

하지만 새로운 희망에 가슴이 부푼 이들도 있었다. 아르가밋슈가 필경사의 방을 몇 번이나 방문한 것은, 한 남자가 어둠의 세계에서 빛의 세계로 들어가는 것을 지켜보기 위해서였다는 사실을 그들은 알고 있었다. 그 남자가 빛을 발견했을 때 하나의 문이 열렸다. 스스로 이해하고 기회를 잡을 준비가 될 때까지는 누구도 그 문 안으로 들어갈 수 없다.

그들은 그 이후에도 자주 알카드를 방문했다. 알카드는 기쁘게 그들을 맞아 상담하고 아낌없이 지혜를 나누었다. 깊은 경험이 그를 그렇게 만들었던 것이다. 그는 돈을 잃거나 쓸데없는 투자에 휘말리지 않으면서 안정하게 이익을 낼 수 있는 투자 방법을 친구들에게 전수했다.

아르가밋슈에게서 알카드에게, 그리고 알카드로부터 자신들에게 진리가 전수되었다는 것을 안 그날, 그들의 인생은 크게 달라졌다.

3장

돈과 재산을 불리는 7가지 원칙

소수의 사람만 부를 독점하고

시민 대부분은 빈곤했다

바빌론은 오랫동안 가장 부유한 도시, 눈이 휘둥그레질 만한 재물과 보석이 풍부한 곳으로 알려졌다. 하지만 처음부터 그랬던 것은 아니었다. 바빌론의 부는 시민들의 지혜의 결정체였다. 부자가 되는 방법을 최초로 공부한 이들이 바로 바빌론 시민들이었다.

바빌론의 위대한 왕 사르곤이 숙적 에람족을 물리치고 바빌론으로 귀환했을 때 심각한 사태가 그를 기다리고 있었다. 대신이 왕에게 상황을 설명했다.

"폐하께서 대운하와 대신전 건설을 추진하셔서 이후 오랫동안 번영을 누려 왔습니다. 하지만 사업이 모두 완료된 지금, 국민들은 자립할 수 없는 경제 상황에 빠졌습니다. 노동자는 일자리를 구할 수 없고, 상인들을 찾아오는 손님이 없으며 농민은 농산품을 팔 수 없습니다. 식량을 살 수 있는 충분한 돈도 없습니다."

"대사업으로 번 돈이 다 어디에 있는가?"

"몇 명 되지 않는 부자들의 손에 들어갔다고 생각됩니다. 돈은 마치 우유가 거름망을 빠져나가듯이 국민들의 손에서 빠져나가 버립니다. 돈의 흐름이 막혀버린 지금, 국민 대부분은 일할 의욕조차 잃어버린 상태입니다."

왕은 잠시 생각하다가 다시 물었다.

"돈을 가진 사람의 수가 왜 그리 적은가?"

"방법을 모르기 때문입니다. 방법을 알아서 성공한 사람들을 나무랄 수는 없습니다. 그들이 정당하게 모은 돈을 빼앗아 무능한 사람들에게 나누어 줄 수는 없지 않습니까?"

"그렇다면 누구나 돈을 모으는 방법을 배워서 부자가 되면 되지 않겠나?"

"그러면 되겠지만 누가 그 방법을 가르치겠습니까? 수도사들이 가르칠 수는 없습니다. 그들은 돈에는 무지합니다."

"이 도시에서 부자가 되는 방법에 대해 가장 잘 알고 있는 사람이 누구인가?"

"폐하의 질문에 대한 답은 이미 나와 있습니다. 바빌론에서 가장 부자가 된 사람이 바로 그 답일 것입니다."

"그렇군. 바빌론 최고의 부자는 알카드가 아닌가. 내일 그를 이리로 데려오도록 하라."

다음 날 왕의 명령대로 알카드가 왕을 알현했다. 칠순의 알카드는 노익장을 과시하고 있었다.

"알카드, 그대가 바빌론 최고의 부자라는 것이 사실인가?"

"모두 그렇게 말하고 있습니다."

"어떻게 그렇게 부자가 될 수 있었는가?"

"누구나 이용할 수 있는 기회를 살렸을 뿐입니다."

"그럼 무(無)에서 출발했다는 말인가?"

"부에 대한 강한 욕망이 있었을 뿐입니다. 그 외에는 아무것도 없었습니다."

"알카드, 지금 이 도시는 불행에 빠져 있네. 재산을 모으는 방법을 아는 소수의 사람들만 부를 독점하고, 시민 대부분은 번 돈의 일부를 저축하는 방법조차 모르고 있지. 바빌론을 세계 제1의 도시로 만드는 것이 내 소원이라네. 그러기 위해서는 도시에 부자가 많아야 하니 모든 국민에게 부자가 되는 방법을 가르쳐야만 하네. 부자가 되는 방법이 따로 있다면 그것을 알려 줄 수 있겠는가?"

"물론입니다. 제가 알고 있는 것들을 다른 이들에게도 알려 주겠습니다."

왕의 눈이 빛났다.

"알카드, 아무쪼록 힘을 빌려주게. 교사들에게 그대의 지식을 전수하고 그들이 다른 사람들에게 그 지식을 다시 가르쳐서 모든 국민이 부자가 되도록 만들 것이다."

알카드가 고개를 숙이며 대답했다.

"분부대로 하겠습니다. 시민 생활의 향상과 폐하의 영광을 위해 기꺼이 제 지식을 바치겠습니다. 백 명을 모아주시면 바빌론에 가난한 사람이 단 한 사람도 남지 않도록 지갑을 살찌우는 일곱 가지 방법을 가르치겠습니다."

2주 후, 왕의 명령대로 백 명이 학문의 신전 대광장에 모여 반원 모양으로 둘러앉아 있었다. 알카드는 원기둥 옆에 앉아 있었는데, 그 원기둥 위로 기분 좋은 향기가 나는 성스러운 램프가 빛나고 있었다.

알카드가 이야기를 시작했다.

"저는 왕의 충실한 심복으로서 이 자리에 왔습니다. 가난한 청년에 불과했던 저는 부자가 되는 지혜를 발견했습니다. 우리의 왕께서 그 지혜를 여러분과 함께 나누라고 하셨습니다.

좋은 환경에서 자라지 못한 저는 아주 소박한 방법으로 돈을 모으기 시작했습니다. 제 첫 금고는 낡아빠진 지갑이었습니다. 언제나 텅텅 비어서 아무 도움도 되지 않는다고 싫어하던 지갑이었습니다. 저는 그 지갑이 두둑해지고 찰랑거리는 돈 소리를 내는 걸 듣고 싶었습니다. 그래서 지갑을 살찌우는 방법을 찾다가 마침내 일곱 가지 방법을 찾았습니다.

여기에 모인 분들에게 지갑을 살찌우는 일곱 가지 방법을 알려드리겠습니다. 이것은 부자가 되고 싶어 하는 모든 이들에게 권하는 방법입니다. 앞으로 매일 한 가지씩 모두 일곱 가지 방법을 알려드리겠습니다.

제 이야기를 주의 깊게 들어주십시오. 그리고 그 내용에 대해 서로 이야기를 나누십시오. 수업 내용을 열심히 연구해서 각자의 지갑에 부자가 되는 씨앗을 뿌리시기 바랍니다. 현명한 방법을 선택해서 자신의 부를 축적해야 합니다. 그것이 가능해진 다음에야 비로소 다른 사람을 가르칠 자격이 생깁니다.

어떻게 하면 지갑을 살찌울 수 있는지에 대해 간단하게 이야기하겠습니다. 이것이 부(富)의 신전에 이르기 위한 첫걸음입니다. 이 제1보를 내딛지 못하는 사람은 신전에 들어갈 수 없습니다. 이제 첫 번째 방법부터 말씀드리겠습니다."

첫 번째 원칙

저축을 먼저 시작하라

알카드는 혼자 생각에 빠져 있는 두 번째 줄의 남자에게 물었다.

"당신은 무슨 일을 하고 있습니까?"

"저는 필경사입니다. 점토판에 기록을 새기는 것이 제 일입니다."

"저도 처음에는 그 일을 하며 돈을 벌었습니다. 당신에게도 저와 똑같이 부자가 될 기회가 있습니다."

이번에는 그 뒤에 앉아 있는 혈색 좋은 남자에게 질문을 던졌다.

"당신의 직업은 무엇입니까?"

"정육점을 하고 있습니다. 농가에서 산 염소를 도살해서 손질한 다음 고기는 음식을 하는 주부에게, 가죽은 신발을 만드는 사람에게 팔고 있습니다."

"고생스럽게 일하고 있는 당신도 분명히 저와 같은 기

회를 가질 수 있습니다."

이런 문답을 통해 알카드는 그곳에 모인 사람들이 어떤 일을 하며 생계를 유지하고 있는지 알게 되었다.

질문이 모두 끝난 다음에 알카드가 말했다.

"여러분, 돈을 버는 장사나 직업은 얼마든지 있습니다. 이 모든 것이 돈의 흐름이며, 일을 하는 사람은 노동에 대한 대가로 그 흐름의 일부를 자신의 지갑에 넣습니다. 액수가 적든 많든 자신의 능력에 따라 지갑으로 돈이 흘러 들어가게 됩니다. 그렇게 생각하지 않습니까?"

청중은 알카드의 말에 동의했다.

"그럼 돈을 벌기 위해 지금 가진 재산을 이용하는 것이 현명하지 않겠습니까?"

그들은 이 말에도 동의했다.

알카드는 자신을 계란 장사라고 소개한 얌전한 남자를 지목했다.

"매일 아침 열 개의 계란을 바구니에 넣고 저녁에 아홉 개를 꺼내면 나중에 어떻게 되겠습니까?"

"곧 바구니가 가득 차겠지요."

"왜 그렇습니까?"

"매일 계란이 늘어나니까요."

알카드는 미소를 지으며 청중을 바라보았다.

“혹시 이 자리에 텅 빈 얇은 지갑을 가지고 있는 분이 계십니까?”

그 말을 듣고 모두가 웃으며 재미있다는 듯이 자신의 지갑을 꺼내 보였다.

“좋습니다. 그렇다면 지갑을 살찌우는 첫 번째 방법을 알려드리겠습니다. 제가 방금 계란을 파는 분에게 조언한 것을 그대로 실행하면 됩니다. 지갑에 들어간 열 개의 동전 중에 아홉 개만 쓰는 겁니다. 그러면 지갑이 곧 두툼해지고, 묵직함에 기분이 좋아져서 만족감을 얻게 됩니다.

너무 간단한 일이라고 웃어넘기면 안 됩니다. 진리는 언제나 간단합니다. 제가 어떻게 부자가 되었는지 말씀드리겠습니다. 이것은 시작에 불과합니다. 제 지갑도 늘 텅 비어 있어서 저는 항상 ‘원하는 것을 아무것도 할 수 없다’며 지갑을 원망했습니다. 하지만 지갑으로 들어간 돈의 10분의 9만 사용한 뒤로는 제 지갑이 살이 찌기 시작했습니다. 여러분의 지갑도 그렇게 될 것입니다.

여기서 신기한 이야기를 하나 할까요? 그 이유는 알 수 없습니다만, 저는 수입의 10분의 9만 사용해도 전과 다름없는 생활을 할 수 있었습니다. 부족하다고 느끼기는커녕 돈이 더 쉽게 들어오기 시작했습니다.

'수입 일부를 남겨 놓는 사람이 돈을 쉽게 번다.'는 법칙이 있습니다. 또 '돈은 홀쭉하게 마른 지갑을 싫어한다.'는 말도 있습니다.

여러분은 어느 쪽을 원하십니까? 보석, 비싼 옷, 좋은 음식처럼 금세 사라져버리는 것들로 순간의 욕망을 채우시겠습니까? 그렇지 않으면 황금, 토지, 가축, 상점, 투자 등과 같이 내실이 있는 것을 택하겠습니까? 지갑에서 꺼내는 돈은 앞에 있는 것을, 지갑에 남겨 놓은 돈은 뒤에 있는 것을 여러분에게 선사할 것입니다.

제가 발견한 지갑을 살찌우는 제1법칙은 바로 이것입니다.

'수입의 10분의 9만 쓴다.'

여기에 대해서 여러 가지 이야기를 나누십시오. 만약 이 법칙이 거짓이라는 것을 증명할 수 있는 사람이 있다면 내일 제게 말씀해 주시기 바랍니다."

두 번째 원칙

지출을 관리하라

둘째 날, 알카드는 사람들에게 다음과 같이 말했다.

"'수입의 전부를 다 써도 모자라는데, 어떻게 10분의 1을 남길 수 있단 말입니까?'라는 질문을 받았습니다. 어제 홀쭉하게 마른 지갑을 가진 분이 몇 분이셨습니까?"

"저희 전부입니다."

"그래도 여러분 모두의 수입이 똑같지는 않겠지요. 비교적 많은 돈을 버는 사람도 있을 것이고, 다른 사람보다 많은 가족을 부양하는 사람도 있을 것입니다. 하지만 지갑은 하나같이 텅 비어 있습니다. 그 이유는 제가 단언컨대 지출이 수입과 같은 수준까지 늘어나 있기 때문입니다.

필요 경비와 욕망을 혼동하지 마십시오. 누구나 자신의 수입으로 채우지 못하는 많은 욕망을 가지고 있습니다. 돈을 벌면 벌수록 욕망을 채우는 곳에 사용해 버리게 됩니다. 하지만 욕망은 채워지지 않습니다.

채울 수 없는 수준의 커다란 욕망을 누구나 가지고 있습니다. 부자는 모든 욕망을 채우며 살 거라고 생각하신다면 그것은 오해입니다. 시간적으로도 그렇고, 힘도, 여행할 수 있는 거리에도 또 식욕에도 한계가 있습니다. 즐기고 싶은 정열에도 한계가 있습니다.

앞마당도 그냥 내버려 두면 잡초로 무성해지듯, 가능성이 있다고 생각하면 사람의 욕망은 한없이 커집니다. 그 끝없는 욕망을 채울 수 있는 사람은 아무도 없습니다.

자신의 생활 습관을 잘 살펴보십시오. 머리를 쓰며 줄일 수 있는 비용은 얼마든지 있습니다. '100퍼센트 가치 있는 것에만 돈을 쓴다'는 기준을 지켜야 합니다.

자, 사고 싶은 것을 하나씩 점토판을 새겨 넣으십시오. 그리고 꼭 필요한 생활필수품과 수입의 10분의 9만으로 살 수 있는 것들만 선택하십시오. 그 외의 것은 모두 지우고, 채워지지 않는 무수한 욕망 중의 하나라고 생각해야 합니다. 이렇게 필요 경비의 예산을 짜십시오. 지갑을 살찌우는 '10분의 1'의 저축에 손을 대면 안 됩니다.

그러자 붉은색과 금색의 옷을 입은 남자가 일어섰다.

"저는 자유인이기 때문에 윤택한 생활을 누릴 권리가 있다고 생각합니다. 어디에 얼마를 쓴다고 정해 놓고 예산의 노예가 되고 싶지는 않습니다. 말씀하신 대로 하면 인생에서 많은 즐거움이 사라져서 결국 물건을 운반하는 당나귀와 다를 것이 없지 않습니까?"

"당신의 예산을 정하는 사람은 누구입니까?"

알카드가 물었다.

"제 마음대로 정합니다."

"당나귀가 스스로 짐을 싼다면 보석이나 가구, 무거운 금괴를 지고 갈까요? 사막을 여행할 때 꼭 필요한 물과 곡물 그리고 천막을 운반하겠지요? 예산을 짜는 목적은 지갑을 살찌우는 데에 있습니다. 그래야만 처음에는 생활필수품을, 그리고 그 다음에는 자신이 원하는 것을 얻도록 도와줄 수 있습니다. 무분별한 욕망에서 스스로 지켜내면 나중에 가장 소중한 소원이 이루어집니다. 마치 어두운 동굴에 밝은 빛이 스며들듯이 예산은 지갑의 새는 곳을 비추어 돈이 새는 것을 막고, 분명한 목적을 위해 지출을 관리해줍니다.

지갑을 살찌우는 제2의 법칙은 바로 이것입니다."

'예산을 짤 때 수입의 90퍼센트 내에서 즐겁게 돈을 쓰며 생활필수품을 사고, 가치 있는 욕구를 만족시킨다.'

세 번째 원칙

돈을 굴려서 불려라

사흘째 되는 날, 알카드가 사람들에게 말했다.

"여러분의 지갑이 조금 두툼해졌습니까? 그렇다면 그것은 수입의 10퍼센트를 저축하고 지출을 줄여서 돈을 지켰기 때문입니다. 이번에는 재산을 늘리는 방법에 대해 생각해봅시다.

지갑에 돈이 있으면 즐겁고, 돈을 아낀다는 생각에 만족스럽기도 하지만 그뿐입니다. 수입의 일부를 저축하는 것은 시작에 지나지 않습니다. 그것이 만들어내는 수익이 부를 축적해 줍니다.

그렇다면 어떻게 돈을 굴려야 할까요? 저는 최초의 투자에 실패해서 모든 것을 잃었습니다. 자세한 이야기는 나중에 말씀드리겠습니다. 제가 투자에 성공한 것은 아가르라는 방패 만드는 사람에게 돈을 빌려준 뒤부터입니다. 그는 일 년에 한 번씩 외국에서 청동을 대량으로 수입하여 장사를 하고 있었는데, 자금이 부족하면 사람들에게 빌렸습니다. 그는 신의가 있는 사람이라 방패가 팔리면 반드시 빌린 돈에 이자를 얹어 갚았습니다.

나는 그가 준 이자를 모아서 계속 그에게 돈을 빌려주었습니다. 이렇게 해서 원금과 이자가 늘어나 돈이 지갑 속에 쌓이는 과정을 즐길 수 있었습니다.

여러분, 인간의 부라는 것은 지갑 속에 있지 않습니다. 그것이 만들어내는 수입 속에 있습니다. 끊임없이 지갑 속으로 흘러들어와서 다시 지갑을 살찌게 만드는 '돈의 흐름' 속에 있는 것입니다. 이 수입은 누구나 원하는 것이지요. 일을 하든 여행을 하든 꾸준하게 지갑 속으로 들어오는 수입 말입니다.

저는 그런 수입을 만들었습니다. 그 수입의 액수가 커지니까 제가 '부호'로 불리더군요. 아가르에게 돈을 빌려주었을 때가 첫 투자 공부였습니다. 저는 이 경험으로 지혜를 배웠고 돈이 늘어나는 만큼 투자를 늘려나갔습니다. 현명하게 운용할 수 있는 자금이 생긴 것이지요.

저는 얼마 되지 않는 수입으로 많은 노예를 만든 셈입니다. 노예 하나하나가 돈을 벌고 노예의 자식도 손자도 돈도 법니다. 그렇게 막대한 재산을 모으게 된 것입니다.

돈은 합리적으로 투자하면 빨리 늘어나게 되어 있습니다. 이런 이야기가 있습니다.

어떤 농부에게 장남이 태어났습니다. 농부는 은화 열 닢을 대금업자에게 맡기며 아들이 열 살이 될 때까지 빌려주고 싶다고 말했습니다. 대금업자는 4년에 한 번씩 25퍼센트의 이자를 준다고 했습니다. 농부는 '이자도 아들의 몫이니 그것도 함께 맡아 달라'고 대금업자에게 부탁했습니다.

아들이 스무 살이 되었을 때 농부는 대금업자에게 은화가 몇 닢이 되었는지 물었습니다. 은화 열 닢이었던 원금은 복리로 불어나 30닢이 되어 있었습니다.

농부는 기뻤지만, 아들에게 당장 필요한 것은 아니었기 때문에 그 돈을 다시 대금업자에게 맡겼습니다. 아들이 쉰 살이 되고 아버지가 세상을 떠났을 때 대금업자는 은화 167닢을 아들에게 주었습니다. 오십 년 만에 이자가 불어 원금의 17배나 되었던 것이지요. 지갑을 살찌우는 제3의 법칙은 이것입니다."

'가축이 새끼를 낳듯이 돈을 굴려서 액수를 늘려라. 그러면 그것이 수입원(끊임없이 들어오는 부의 흐름)이 될 것이다.'

네 번째 원칙

돈을 지켜라

알카드가 넷째 날 사람들에게 말했다.

"불행의 신은 반짝거리는 것을 좋아합니다. 재산은 확실하게 지키지 않으면 모두 잃어버리고 맙니다. 일단 적은 액수의 돈이라도 모았다면, 불행의 신이 그 돈을 앗아버리기 전에 그것을 지키는 기술을 알아두어야 합니다.

돈이 있으면 누구나 유혹을 받습니다. 그들은 그럴듯한 방법으로 큰돈을 벌 수 있다고 유혹하는 무리에 노출되어 있습니다. 가족과 친구들이 열을 올리며 같이 투자를 하자고 꼬드기기도 합니다.

확실한 투자의 제1원칙은 원금을 확보하는 것입니다. 원금을 잃을 수도 있는 상황에서 사행심에 마음을 빼앗기는 것이 현명할까요? 사행심은 분명히 손실을 가져올 것입니다. 남의 손에 돈을 건네기 전에 그것을 안전하게 되돌려 받을 수 있는지 주의해서 살펴보아야 합니다. 순식간에 큰돈을 손에 넣을 수 있다는 환상에 빠지면 안 됩니다.

누군가에게 돈을 빌려주기 전에 그 사람이 돈을 갚을 능력이 있는지, 그 사람의 평판은 어떠한지를 확인해야 합니다. 그래야 고생해서 번 돈을 시궁창에 내다 버리는 일이 생기지 않을 것입니다.

어디에 투자를 하든 어떤 위험이 도사리고 있는지를 잘 살펴보아야 합니다.

저의 첫 투자는 실패로 끝나버렸습니다. 일 년 동안 모은 돈을 아즈무르라는 벽돌공에게 맡겼습니다. 그는 넓은 바다 건너 티레에서 페니키아의 귀한 보석을 사 올 예정이었습니다. 그가 돌아오면 우리는 그것을 팔아 이익을 반으로 나누려고 했습니다. 그런데 교활한 페니키아 보석상은 아즈무르에게 유리구슬을 보석이라고 속여서 팔아넘겼습니다. 원금이 사라져 버렸지요. 지금이야 벽돌을 만드는 벽돌공에게 보석을 사 오라고 맡기지 않을 테지만, 그때는 큰 실수를 하고 말았습니다.

제 경험으로 얻은 지혜를 가지고 여러분께 조언하겠습니다. 자신의 판단을 과신해서 투자의 함정에 빠지지 않도록 주의하시기 바랍니다.

투자를 할 때는 숙련된 경험자에게 지혜를 구해야 합니다. 조언은 공짜로 얻을 수도 있지만, 그 조언이 여러분의 투자액과 맞먹을 정도의 가치를 가지고 있을지도 모릅니다. 손실에서 구원해주는 훌륭한 조언이야말로 진정 가치가 있는 것입니다.

지갑을 살찌우는 제4의 법칙은 이것입니다. 두둑했던 지갑이 다시 얇아지지 않도록 막는 매우 중요한 법칙입니다."

'원금이 안전하게 보존되고 필요할 때 돌려받을 수 있으며 정당한 이자를 받을 수 있는 곳에만 투자해서 당신의 재산을 지켜라. 지혜가 있는 사람과 의논하라. 현명하게 돈을 투자하는 경험자에게 조언을 구하라. 그 지혜를 가지고 위험한 투자로부터 스스로를 보호하라.'

다섯 번째 원칙

당신의 집을 사라

다섯째 날, 알카드는 사람들을 향해 말했다.

"수입의 90퍼센트에 지출을 맞추고 생활의 즐거움을 유지하면서 저축한 돈의 일부를 투자하여 이익을 얻게 되면, 그만큼 빨리 돈을 모을 수 있습니다.

바빌론의 많은 시민들은 불편한 환경에서 가족들을 부양하고 있습니다. 그들은 인정머리 없는 지주들에게 집값을 지불하고 있지만, 그 집에는 꽃을 가꿀만한 마당도 없고, 아이들이 놀 수 있는 곳이라고는 더러운 뒷골목밖에 없습니다.

아이들이 마음껏 뛰놀 수 있는 깨끗한 모래와 식용 작물도 재배할 수 있는 마당이 있는 집에서 가족들이 일상생활을 충분히 즐길 수 있습니다. 남편에게 마당에서 딴 무화과와 포도를 먹는 것은 한없는 즐거움입니다. 집을 소유하고 그것을 관리하는 일이 만족스러우면 자신감도

솟아나 어떤 일에든 최선을 다할 수 있습니다. 그러니 여러분 가족을 지키는 자신의 집을 가질 수 있도록 노력하시기 바랍니다.

선량한 사람이 집을 소유하는 것은 불가능한 일이 아닙니다. 폐하께서 바빌론 성벽의 확장 공사를 하셔서 많은 토지를 적당한 가격에 살 수 있지 않습니까?

대금업자들은 남자들이 가족을 위한 집과 토지를 가지고 싶어 한다는 사실을 알고 있습니다. 그래서 필요한 자금을 어느 정도 마련하면, 벽돌 전문가와 건축사에게 지불할 돈은 대금업자에게 빌릴 수 있습니다. 집주인에게 집세를 지불하던 것과 마찬가지로 대금업자에게 빌린 돈을 갚아나가면 됩니다. 돈을 갚을 때마다 빚은 줄어들고 몇 년이면 전부 갚을 수 있습니다.

그러면 가치 있는 부동산이 온전히 자신의 소유가 되어 당신의 마음은 기쁨으로 가득 차게 됩니다. 그 후에는 세금을 내는 일만 남아 있습니다. 이제 부인도 당신의 옷을 빨기 위해 강가에 갈 때마다 염소 가죽 주머니에 물을 담아 와 정원의 나무에 물을 줍니다.

자신의 집을 소유한 남자는 행복합니다. 생활비도 덜 들고, 수입의 대부분을 즐거움을 위해 사용할 수 있게 됩니다.

지갑을 살찌우는 제5의 법칙은 이것입니다."

'자신의 집을 소유하라.'

여섯 번째 원칙

미래의 수입원을 마련하라

엿새째 되는 날, 알카드는 사람들에게 말했다.

"사람의 인생은 유년기에서 노년기로 진행되어 갑니다. 가끔 저세상에서 너무 빨리 부르는 경우를 제외하면 그 누구도 이런 운명에서 벗어날 수 없습니다. 그렇기 때문에 저는 이렇게 말하고 싶습니다. '노년이 될 때까지 언제나 적절한 수입을 유지해서 자신이 세상을 떠나더라도 가족을 지킬 수 있도록 준비해 놓아야 할 의무가 있다'고 말입니다. 이 수업에서는 당신의 노력이 떨어지는 노년에도 지갑을 두둑한 상태로 유지할 수 있는 방법을 알려드리겠습니다.

부의 법칙을 터득하고 돈을 벌어들이는 나무를 손에 넣은 사람은 장래에 대한 설계를 해야 합니다. 장기적이고 안전한 투자 계획을 세워 놓아야 하는 것입니다.

미래를 안전하게 대비하는 방법은 여러 가지가 있습

니다. 비밀 장소에 보석을 숨겨두어도 되지만, 아무리 잘 감추더라도 도둑맞을 수 있기 때문에 바람직한 방법은 아닙니다.

집이나 토지를 사 놓을 수도 있습니다. 오래도록 가치가 있는 물건을 선택하면 팔았을 때 좋은 수입원이 됩니다.

또, 적은 액수를 대금업자에게 맡겨놓고 정기적으로 돈을 불리는 방법도 가능합니다. 이자가 붙어서 원금이 늘어납니다.

제가 알고 있는 구두공 안산이 이런 이야기를 했습니다. 8년간 매주 은화 두 닢씩 대금업자에게 맡겼는데 최근 그 업자가 보여준 명세서를 보고 크게 기뻤답니다. 4년마다 붙은 이자를 더하니 은화는 모두 1040닢이 되어 있었던 것입니다. 저는 '앞으로 이 일을 12년 동안 계속한다면, 은화가 4천 닢이 되어 노후를 보낼 충분한 액수가 된다'라고 설명하며 그에게 용기를 북돋아 주었습니다.

적은 액수라도 규칙적으로 저축하면 이처럼 큰 이익을 얻으니까 자신의 노후와 가족을 위한 재산을 확보할 수 있습니다.

또 있습니다. 미래의 언젠가, 누군가는 죽음에 대비한 보험을 생각해낼 거라고 믿고 있습니다. 정기적으로 적은 액수를 지불하면, 당사자가 죽은 후 가족들에게 충분한 액수를 지불하는 제도 말입니다. 이것은 좋은 아이디어라서 높이 평가할 수 있지만, 보험의 담당자가 죽어도 누군가가 계속해서 이어받아야 하기 때문에 지금으로서는 불가능합니다. 하지만 이것은 왕좌만큼이나 안정적일 것입니다. 언젠가는 이 제도가 반드시 실현되어 많은 사람들에게 기쁨을 줄 것입니다. 처음에는 적은 돈이었지만 나중에는 가족들에게 부족할 것 없는 재산이 됩니다.

하지만 우리는 현재를 살고 있기 때문에, 지금 쓸 수 있는 수단을 이용해야 합니다. 노후에 지갑이 얇아지지 않도록 지금부터 대비하라고 진심으로 권합니다. 더 이상 일할 수 없는 사람이나 집안의 기둥을 잃은 가족들에게 텅 빈 지갑은 비극입니다.

지갑을 살찌우는 제6의 법칙은 이것입니다."

'노후와 가족을 위해 지금부터 미래의 수입원을 마련하라.'

일곱 번째 원칙

돈을 관리하는 능력을 키워라

7일째 수업에서 알카드는 사람들에게 말했다.

"오늘은 지갑을 살찌울 때 가장 중요한 방법에 관해 이야기하겠습니다. 하지만 돈에 대한 이야기가 아니라, 사람에 대한 이야기입니다. 일로 성공하는 사람과 그렇지 못한 사람의 마음과 인생에 관한 이야기입니다.

조금 전에 어떤 청년이 돈을 빌리러 왔습니다. 이유를 묻자 그는 다음과 같이 대답했습니다.

'아무리 돈을 벌어도 씀씀이를 감당할 수 없어서요.'

나는 '만약 그렇다면 빌린 돈을 갚을 충분한 능력이 없기 때문에 돈을 빌려줄 수 없다'고 말했습니다.

'자네에게 필요한 것은 돈을 더 많이 버는 것이다. 돈을 더 많이 벌기 위해 무엇을 하고 있나?'

'지난 2주 동안 여섯 번이나 부모님께 돈을 더 달라고 요청했던 것 정도입니다. 물론 부모님이 들어주시지는

않지만……. 이렇게 열심히 찾아가서 조르는 사람은 아마 저밖에 없을 겁니다.'

여러분은 참 단순한 사람이라고 비웃을지도 모르지만, 그는 돈을 더 벌 수 있는 중요한 조건을 가지고 있습니다. 돈을 더 벌고 싶다는 강렬한 꿈, 그것은 정당하고 훌륭한 꿈입니다.

꿈은 현실보다 앞섭니다. 그것은 명확하고 강력한 것이어야 합니다. 대부분의 꿈은 막연한 동경에 지나지 않습니다. 부자가 되고 싶다는 희망도 그렇습니다. 하지만 금화 다섯 닢을 원하는 것, 그것은 실현할 수 있는 명확한 꿈입니다. 확실한 목적을 가지고 금화 다섯 닢을 손에 넣으면 같은 방법으로 열 닢, 스무 닢, 천 닢을 얻을 수 있고 부자가 될 수 있습니다.

작아도 확실한 소원이 있어서 그것을 달성하면 커다란 소원도 이룰 수 있다는 사실을 우리는 이미 배웠습니다.

부가 축적되는 과정은 다음과 같습니다.

먼저 적은 액수를 모으고, 그 사람이 공부하고 노력하는 정도에 비례해 큰돈이 모이게 됩니다.

소망은 단순하고 명쾌해야 합니다. 너무 많거나, 복잡하고, 자신의 능력을 넘어서는 일은 달성할 수 없습니다.

지금 하고 있는 일을 완성시키고 나면 돈 버는 능력도 커집니다. 저는 매일 동화 두세 닢을 위해 점토판을 들고 일하던 가난한 필경사 시절, 나보다 일을 더 많이 해서 돈도 더 많이 버는 다른 필경사들을 관찰하며 그들에게 지지 않겠다고 결심했습니다. 그들의 성공 비결을 발견하기까지 그리 많은 시간이 걸리지는 않습니다. 더욱 일에 열정을 쏟고 집중하고 인내해서, 결국 저보다 점토판을 많이 새기는 사람이 거의 없을 정도가 되었습니다. 실력이 좋아지니 수입도 늘어났습니다.

지혜가 늘면 늘수록 돈을 많이 벌 수 있게 됩니다. 자신의 일을 더욱 열심히 하려고 노력하는 사람은 충분히 보상을 받습니다.

기술자라면 달인이 사용하는 기술과 도구를 자세히 관찰하십시오. 법률가나 의사라면 다른 사람과 서로의 지혜를 교환하려는 노력이 필요합니다. 상인이라면 조금이라도 싸게 팔 수 있는 좋은 상품을 끊임없이 개발해야 합니다.

사람의 사정은 변하고 개선됩니다. 현명한 사람은 고용주를 기쁘게 하기 위해 자신의 실력을 쉼 없이 갈고닦습니다. 그러므로 1등을 목표로 삼아 쉬지 말고 나아갑

시다.

경험을 늘려주고 인생을 풍요롭게 만드는 일이 아주 많습니다. 존경받는 인생을 살고 싶다면 다음의 내용을 지켜야 합니다.

- 살 수 없는 것을 욕심부리지 말고, 빌린 돈은 가능한한 신속하게 갚는다.
- 가족을 지키며 가족에게 존경받는 사람이 되도록 노력한다.
- 자신이 죽을 때를 대비해 유산이 올바르게 분배될 수 있도록 미리 유언장을 작성한다.
- 불행을 당하거나 상처 입은 사람을 불쌍히 여기고 할 수 있는 만큼 돕는다. 친한 사람들에게 진심이 담긴 행동을 한다.

지갑을 살찌우는 마지막 제7의 법칙은 이것입니다.

'능력은 개발하고 열심히 배워 더욱 현명해지고, 실력을 갈고닦아 존경받는 사람이 되어야 한다.'

이렇게 하면 목표를 달성할 수 있다는 자신감이 마음 속에 싹틉니다.

지금까지 말씀드린 지갑을 가득 채우는 일곱 가지 방법은 오랜 기간 성공한 인생 경험에서 나온 것인데, 부자가 되기를 원하는 모든 사람에게 강력하게 추천합니다.

바빌론에는 여러분이 상상도 하지 못할 정도의 많은 돈이 잠자고 있습니다. 누구든 부자가 될 수 있습니다. 여러분, 부자가 될 수 있도록 이 방법을 실행해 보십시오. 여러분에게는 그렇게 할 권리가 있습니다. 이 방법을 배워서 모든 국민이 사랑하는 이 도시의 풍요를 누릴 수 있도록 합시다."

4장

행운을 부르는 법칙

행운의 여신은
행동하는 사람에게 미소짓는다

'행운의 여신이 누군가에게 미소지었을 때,
그 행운이 얼마나 대단한 것인지는 상상할 수 없다.
그를 유프라테스강에 집에 던져도
아마 진주를 손에 쥐고 다시 떠오를 것이다.'
- 바빌로니아의 격언

행운을 붙잡고 싶은 마음, 그것은 세상 모든 사람의 마음이다. 그 강렬한 마음은 5천 년 전 바빌론 사람들도 마찬가지였다. 변덕쟁이 행운의 여신이 자신에게 미소짓기를 모두가 원했다. 행운의 여신에게 주목받고 싶다. 더 나아가 행운의 여신에게 사랑받을 방법은 없을까? 행운을 부르는 법칙은 무엇일까?

고대 바빌론 사람들은 간절히 그 방법을 알고 싶어 했고, 그 방법을 알아내리라 결심했다. 그들은 빈틈없고 머리가 좋은 사람들이었다. 바빌론이 가장 풍요롭고 강한 도시가 될 수 있었던 것도 그런 노력 덕분이었다.

먼 옛날, 바빌론에는 학교도 대학도 없었지만, 학문의 신전이 있었다. 아주 실용적이며, 바빌론의 건축물 중에서도 왕궁, 공중 정원, 신전과 어깨를 견주는 주요 시설 중의 하나로, 역사 교과서에서는 거의 언급하고 있지 않지만, 당시의 사상에 커다란 영향을 미친 장소였다.

'학문의 신전'에서는 자발적인 고대 지혜의 발굴이 이루어졌으며, 사람들의 관심사에 대한 공개 토론이 이루어지기도 했다. 그곳에서만큼은 모든 사람이 평등했다. 최하층민인 노예가 황태자와 토론을 벌여도 벌을 받지 않았다. 이 학문의 신전에 자주 드나들었던 사람이 바빌론 최고의 부자 알카드였다. 그는 많은 인원을 수용할 수 있는 특별한 공회당을 왕에게 하사받았는데, 그곳에서는 매일 밤 토론이 이어졌다. 참가자의 대부분은 중년층이었지만 노인과 청년들도 끼어 있었다. 그들이 어떻게 행운을 부르는 방법을 깨닫게 되었는지, 우리도 한번 귀 기울여 보자.

붉은 태양이 사막 저편으로 넘어갈 무렵, 알카드는 여느 때와 마찬가지로 연단 위에 서 있었다. 백여 명의 청중이 바닥에 융단을 깔고 앉아 그를 기다리고 있었고, 점점 더 많은 사람이 모여들었다.

"오늘은 무슨 이야기를 할까요?"

알카드가 물었다.

옷을 만드는 키 큰 사람이 머뭇거리며 일어났다.

"여러분이 비웃을지도 모르지만, 같이 이야기하고 싶은 주제가 있습니다. 오늘은 제게 행운의 날입니다. 금화가 든 지갑을 주웠거든요. 저는 마음속으로 이런 행운이 계속되면 좋겠다고 생각했습니다. 여러분도 저와 같은 마음일 것입니다. 우리가 행운을 끌어들일 수 있도록 '어떻게 하면 행운을 부를 수 있을까?'에 대해 이야기해 보면 어떨까요?"

알카드가 대답했다.

"재미있는 주제가 나왔습니다. 이 토론회에 아주 딱 맞는 주제입니다. 행운은 우연히 생기는 것으로 생각하는 사람도 있고, 행운의 여신이 자기 마음에 드는 사람에게 상을 주는 것이라 생각하는 사람도 있을 겁니다. 먼저 행운을 부르는 방법이 있는지 없는지에 대해 이야기해 봅시다."

"좋소, 좋소!"

공회당 안의 분위기가 달아올랐다.

"먼저, 열심히 일을 하지 않았는데도 돈이나 보석을 받거나 주운 적이 있습니까?"

잠시 이야기가 중단되었다. 모두들 누군가가 말하기를 기다리고 있었지만 아무도 입을 열지 않았다.

"아무도 없습니까? 그렇다면 이런 종류의 행운은 거의 없다고 할 수 있겠군요. 자 어디서부터 시작할까요?"

"제가 이야기하겠습니다."

잘 차려입은 청년이 일어났다.

"행운이라면 역시 도박이죠. 도박장에는 행운의 여신에게 기대를 걸고 있는 사람들이 모여 있습니다."

그가 자리에 앉으려 하자 누군가가 말했다.

"계속 이야기해 주십시오. 행운의 여신이 당신의 손을 들어 주었습니까?"

청년이 재미있다는 표정으로 대답했다.

"여신은 제가 그 자리에 있었던 사실조차 몰랐을 겁니다. 당신 생각은 어떻습니까? 여신이 그런 곳에서 주사위나 던지고 있을 것 같습니까?"

알카드가 말했다.

"이야기가 아주 흥미롭게 전개되는군요. 어떤 문제든 진지하게 생각해봅시다. 행운에 대해 이야기할 때의 도박장도 그냥 넘겨 버리면 안 되지요. 도박을 무시하는 것은 남자의 본능을 무시하는 것이 될 테니까요?"

또 다른 사람이 소리쳤다.

"어제 했던 경마가 생각났습니다! 행운의 여신이 도박장에 출입한다면 황금 전차와 거품을 문 말들이 경쟁하는 경마를 놓치지 않을 겁니다. 알카드씨, 솔직하게 말씀해 주십시오. 이제 행운의 여신이 니네베의 말에 걸라고 속삭여 주었죠? 저는 당신 뒤에 있다가 당신이 그 점박이 말에 돈을 걸라고 하는 소리를 듣고 솔직히 제 귀를 의심했습니다. 아시리아 말이 우리나라 말을 이길 수 없다는 사실은 당신도 잘 알고 있었을 겁니다. 그런데 마지막 바퀴를 달릴 때 어떤 검은 말이 안쪽에서 넘어지면서 우리 바빌론 말의 진로를 방해해 결국 아시리아의 점박이가 승리를 거머쥐었습니다. 행운의 여신이 니네베의 말에 걸라고 속삭였던 것 아닙니까?"

알카드가 웃었다.

"행운의 여신이 경마에 걸린 상금에 흥미를 가질 거라고는 생각하지 않습니다. 제게 여신은 '고민하는 자를 돕고 올바른 일에 상을 주는' 사랑과 존엄의 존재입니다. 제가 여신을 만나고 싶은 장소는 도박이나 경마와 같이 큰돈을 잃는 장소가 아니라 인간이 존엄한 행동을 하는 곳, 즉 상을 주기에 알맞은 장소입니다.

열심히 밭을 갈거나 정직한 마음으로 장사를 한다면 노력에 따라 얼마든지 이익을 얻을 수 있습니다. 잘못된 판단을 할 수도 있고 비바람의 방해도 있기 때문에 항상 정당한 보상을 받는다고는 할 수 없지만, 꾸준히 노력하면 이익이 생길 것입니다. 돈을 벌 수 있는 기회가 언젠가는 반드시 찾아오기 때문입니다.

하지만 도박장에서는 사정이 반대입니다. 돈을 벌 수 있는 기회는 점점 멀어지고 상황은 딜러 마음대로 전개됩니다. 딜러 자신은 돈을 잃지 않도록 미리 준비해 놓았기 때문입니다. 도박장은 도박꾼들이 건 돈으로 운영자들이 큰돈을 벌어들이는 곳입니다. 하지만 딜러가 승리할 확률이 얼마나 높은지, 도박꾼들이 이길 가능성이 얼마나 낮은지를 알고 있는 사람은 거의 없습니다.

주사위 게임의 경우를 살펴봅시다. 주사위를 던질 때 가장 높은 숫자에 돈을 겁니다. 가장 높은 숫자로 붉은색이 나오면 딜러가 건 돈의 4배를 손님에게 지불하지만, 그 외에는 어떤 패가 나와도 딜러가 이기게 됩니다. 숫자를 봐도 알 수 있습니다. 주사위를 던질 때 손님이 질 확률은 50퍼센트이지만, 붉은색이 나와야 건 돈의 4배를 받을 수 있기 때문에 이길 확률은 40퍼센트입니다. 즉, 하룻밤 승부에서 딜러는 손님들이 건 돈의 20퍼센트를 수익으로 예상합니다. 손님이 20퍼센트 만큼 손해를 보는 원리인데 과연 이길 수 있겠습니까?"

"하지만 가끔 큰돈을 버는 사람도 있습니다."

"그렇군요."

알카드가 대답했다.

"하지만 그렇게 번 돈을 얼마나 오래 가지고 있을지도 의문입니다. 제가 아는 사람 중에는 바빌론에서 크게 성공한 사람들이 많이 있습니다만 도박으로 딴 돈을 가지고 시작한 사람은 아무도 없습니다. 당신들은 바빌론 시민들을 잘 알고 계시죠? 도박장을 성공의 출발점으로 삼은 사람이 몇 명이나 있을까요? 혹시 그런 사람을 알고 계십니까?"

아무도 대답하지 못하고 있는데, 어떤 남자가 비꼬듯 입을 열었다.

"도박장 주인도 포함해서 말입니까?"

"도박으로 성공한 사람이 도박장 주인 빼고는 아무도 없다면 어쩔 수 없겠죠?"

알카드가 대답했다.

"그 외에 생각나는 사람이 없다면 당신은 어떻습니까? 도박이 수입원이 될 수 있을 정도로 계속 도박에서 이길 수 있다고 생각하십니까?"

그 남자가 대답 대신 신음소리를 내자 모두 웃었다.

알카드가 말을 이었다.

"어쩌면 내가 찾고 있는 곳에는 행운의 여신이 없을 겁니다. 다른 곳에서 찾아봅시다. 행운은 지갑을 줍는 것도 도박으로 돈을 따는 것도 아닙니다. 저는 경마에서 딴 돈보다 잃은 돈이 훨씬 더 많습니다.

장사의 경우는 어떻습니까? 돈을 많이 벌면 '행운'이 아니라 당연히 '노력의 결과'라고 생각하지 않습니까? 그것을 행운의 여신이 주는 상이라고는 생각하지 않습니다. 하지만 이것은 여신이 주는 상입니다. 그 은혜를 실감하지 못하는 것뿐입니다. 그 외에 또 다른 의견 있습니까?"

나이가 든 상인이 고급스러운 흰옷을 고쳐 입으며 일어났다.

"알카드 선생님과 여러분의 허락을 얻어 한 가지 제안을 하고 싶습니다. 일의 성공을 자신의 노력과 능력의 결과라고 한다면, 성공을 하기(큰돈을 벌 수 있기) 바로 직전에 그것을 놓쳐버리는 경우는 어떨까요? 붙잡기만 하면 흔치 않은 행운을 만난 사례가 될 텐데 그것을 놓친 사람은 없습니까?"

"그것참 재미있군요."

알카드가 말했다.

"거의 다 잡은 행운을 놓쳐버린 분은 안 계십니까?"

많은 사람이 손을 들었는데 그중에는 방금 제안을 했던 상인도 있었다. 알카드는 그 상인에게 신호를 보냈다.

"제안하신 분부터 말씀해 주시기 바랍니다."

"예, 기꺼이 말씀드리겠습니다. 행운이 눈앞에 있는데 그것을 보지 못했기 때문에 놓쳐버린 이야기입니다. 제가 결혼을 하고 막 사업을 시작했을 때의 일입니다. 어느 날, 아버지께서 투자하라고 강력하게 권하셨습니다.

아버지 지인의 아들이 시 외곽에서 멀진 않은 곳에 공터를 발견했는데, 지면이 수로보다 훨씬 높아서 물을 댈 수 없는 상태였습니다. 그는 이 토지를 매입한 다음에 소가 끄는 수차 세 대로 비옥하게 만들고 그 토지를 쪼개 채소밭으로 만들어 팔 계획이었습니다.

그런데 사업에 필요한 돈이 모자라서 열두 명의 동업자를 구했습니다. 그들은 모두 노동자였습니다. 토지를 팔 준비가 될 때까지 수입의 10분의 1씩 출자하고, 채소밭을 팔 때 각자 투자한 비율대로 공평하게 이익을 나눈다는 계획이었습니다. 그러나 저는 머뭇거리다가 그 계획에 참여하지 않았습니다.

아버지는 말씀하셨습니다.

'젊었을 때 모두에게 존경받을 수 있도록 부를 축적해야 한다. 내 실패를 교훈 삼아 투자하도록 해라.'

'아버지, 저도 꼭 그렇게 하고 싶습니다.'

제가 대답했습니다.

'내가 젊은 시절에 하지 못했던 일하기 바란다. 네 수입의 10분의 1을 유망한 분야에 투자해라. 10분의 1의 원금과 그 원금

이 만들어내는 이익이 모이면 내 나이가 되었을 때 너는 큰 부자가 되어 있을 것이다.'

'아버지, 참으로 현명한 말씀이십니다. 저도 부자가 되고 싶습니다. 하지만 번 돈을 쓰는 데는 여러 가지 방법이 있습니다. 저는 젊고 아직 시간이 충분해서 이번 일은 내키지 않습니다.'

'나도 젊은 시절에는 그렇게 생각했었다. 그런데 세월은 정말 빠르게 흘러서 벌써 내가 이렇게 늙어 버렸구나.'

'아버지와 저는 세대가 틀립니다. 저는 아버지와 같은 실패는 하지 않습니다.'

'바로 지금이 기회다! 부를 가질 수 있는 기회가 바로 눈앞에 와 있다. 머뭇거리지 말아라. 내일 내 친구의 아들 집에 가서 네가 가진 돈의 10분의 1을 투자해라. 아침에 일어나자마자 가야 한다. 기회는 너를 기다려주지 않는다. 놓치면 그걸로 끝이다. 후회하지 마라.'

아버지가 이렇게까지 말씀하셨는데도 저는 망설였습니다. 그 무렵 동양에서 아름다운 옷들이 수입되었는데, 저와 제 아내는 그 사치품들이 가지고 싶어 견딜 수가 없었습니다. 수입의 10분 1을 투자하면 다른 즐거움을 누리지 못하게 됩니다. 머뭇거리다가 결국 기회는 날아가 버렸고 저는 크게 후회했습니다. '채소밭 투자'는 예상을 뛰어넘는 이익을 남기는 사업이 되었기 때문입니다. 이것이 행운을 놓쳐버린 제 이야기입니다."

사막에 사는 얼굴이 검게 탄 한 사람이 "기회를 잡는 사람이 행운을 누릴 수 있다."고 말하며 이 이야기에 대한 감상을 말했다.

"재산을 모으는 일에도 시작이 있습니다. 수입 중 일부인 금화나 은화를 투자하는 것도 그렇습니다. 저는 가축을 많이 소유하고 있습니다. 어린 시절 은화 한 닢으로 송아지를 산 것이 시작이었습니다. 그것이 저에게 더할 나위 없이 소중한 부의 시작이었습니다.

재산을 모으는 일에 첫발을 내딛는 것이 가장 큰 행운입니다. 일을 해야 돈을 버는 인간에서 돈으로 돈을 버는 인간으로 변한 것입니다. 그 첫발이 중요합니다. 젊은 시절에 기회를 잡아 경제적으로 큰 성공을 거두는 사람이 있습니다. 아까 그 상인도 젊은 시절에 기회를 잡았더라면 지금쯤 편안한 삶을 누릴 수 있었을 겁니다. 행운을 주웠다는 옷 만드는 분은 지금 첫발을 잘 내디딘다면 더 큰 행운을 누릴 수 있습니다."

"저도 이야기하고 싶습니다."

처음 보는 외국인이 큰 소리로 말했다.

"저는 시리아에서 왔습니다. 이 나라 말이 능숙하지는 않습니다. 아까 그 상인에게 이름을 붙여주고 싶습니다. 상인이라고 부르면 실례가 될 것 같으니 다른 이름을 붙이고자 합니다. '일을 미루는 사람'을 여기 바빌론에서는 뭐라고 합니까?"

사람들이 '우유부단한 사람'이라고 말해 주었다.

"그렇습니다."

시리아 사람은 손뼉을 쳤다.

"기회가 왔는데도 그것을 붙잡지 못하고 기다리기만 하는 사람, 지금은 바쁘다고 변명하는 사람, 확실히 말하지만 그런 사람에게 기회는 오지 않습니다. 행운을 얻는 사람은 즉시 행동하는 사람입니다. 기회가 찾아와도 바로 행동하지 않는 사람은 이 상인과 마찬가지로 '우유부단한 사람'입니다."

상인이 일어나 쓴웃음을 지었다.

"말씀 그대로입니다."

"다음 이야기로 넘어가시죠. 또 다른 경험을 하신 분 안 계십니까?"

알카드가 좌중을 향해 물었다.

"있습니다."

붉은 옷을 입은 중년 남성이 대답했다.

"저는 가축 중개인입니다. 낙타와 소를 주로 다르지만, 양과 염소를 거래하기도 합니다. 어느 날 밤, 제게 예상치 못한 기회가 찾아왔던 이야기를 하겠습니다. 저는 그때 아주 좋은 기회를 놓쳐 버렸습니다. 판단은 여러분에게 맡기겠습니다.

열흘간 낙타를 찾아 헤매다가 마을로 돌아와 보니 성문은 닫혀 있고 열쇠까지 채워져 있었습니다. 저는 화가 났습니다. 물도, 먹을 것도 거의 없었으니까요. 시종이 잠잘 천막을 치는 사이에 저처럼 마을에 들어가지 못한 늙은 농부 한 사람이 다가왔습니다. 그리고 말을 걸더군요.

'안녕하세요? 혹시 가축 중개인 아닙니까? 만약 그러시다면 제가 데리고 온 좋은 양을 팔고 싶습니다만, 실은 제 아내가 열병에 걸려 급하게 집으로 돌아가지 않으면 안 됩니다. 노예를 데리고 얼른 돌아갈 수 있도록 제 양을 좀 사주시겠습니까?'

양이 보이지 않을 정도로 밖이 어두웠지만, 울음소리로 미루어 볼 때 꽤 많은 양이 있다는 사실을 알 수 있었습니다. 낙타를 못 구하고 열흘이나 낭비했기 때문에 저는 기꺼이 거래에 응했습니다. 상대가 매우 초조해하는 것 같아서 아주 싸게 값을 불렀습니다. 아침이 되면 성안으로 양을 데리고 들어가 비싼 값에 팔 수 있을 거라는 생각도 했습니다.

거래가 끝난 뒤에 노예에게 횃불을 가져오라고 했습니다. 900마리나 되는 양의 숫자를 세려고 했던 것입니다. 하지만 어두운 밤에 그 많은 양을 다 셀 수 없어서 늙은 농부에게' 아침이 오면 양 숫자를 헤아린 다음에 돈을 주겠다'라고 말했습니다.

'3분의 2만 주셔도 됩니다. 한시라도 빨리 떠날 수 있도록 오늘 밤에 돈을 주면 안 되겠습니까? 대신 훌륭한 노예가 남아서 아침에 양 세는 것을 도와드리고 나머지 돈을 받아가도록 하겠습니다.'

늙은 농부의 제안을 저는 거부했습니다. 다음 날 아침, 눈도 뜨기 전에 성문이 열리고 네 명의 중개인이 뛰어나왔습니다. 성이 적의 공격 때문에 음식이 부족해서 비싼 값으로 양을 사들였습니다. 제가 전날 밤 그에게 제시한 값의 세 배에 이르는 가격이었습니다. 저는 드물게 찾아온 행운을 놓쳐버린 겁니다."

"흔치 않은 일이로군요."

알카드가 말했다.

"자, 이 이야기에서 어떤 교훈을 얻을 수 있을까요?"

"좋은 조건이라고 생각되면 빨리 돈을 지불해야 한다는 사실입니다."

나이가 지긋해 보이는 말 안장을 만드는 사람이 말했다.

"좋은 거래를 하고 싶으면 타인의 결점과 자신의 결점으로부터 자신을 지켜야 합니다. 인간은 변하기 쉬운 존재입니다. 상황이 나쁘면 고집스러워지고, 좋을 때는 마음이 흔들려서 기회를 놓치기 일쑤입니다. 저는 처음에 최선의 판단을 하면서도 정작 중요한 순간에는 과감하지 못합니다. 그래서 저의 결점을 극복하기 위해 행동하기로 했습니다. 그런 뒤로 행운을 놓치고 후회하는 일이 없어졌습니다."

가축 중개인이 자신의 이야기를 마무리했다.

시리아 사람이 다시 일어났다.

"이야기가 전부 다 비슷비슷하군요. 항상 같은 이유로 기회를 놓친다. 기회는 올 때마다 '우유부단한 사람'에게 좋은 계획을 제공하지만 '지금이 기회다. 행동하자.'라는 결단을 내리지 못하고 머뭇거린다. 그러면 성공을 할 수 없습니다."

중개인이 대답했다.

"맞습니다. 바로 그것입니다. '우유부단함'이 행운을 놓치게 합니다. 그런데 이런 일이 자주 있습니다. 누구나 우유부단한 면을 가지고 있습니다. 부자가 되고 싶지만, 기회가 올 때마다 우유부단함 때문에 몇 번이나 실패하게 됩니다. 자기 자신이 최대의 적입니다.

저는 젊은 시절에는 '우유부단'이라는 말의 뜻을 알지 못했습니다. 처음에는 여러 번의 투자 실패가 결단력 부족 때문이라고 생각했습니다. 그다음에는 고집 때문이라고 생각했습니다. 마지막에야 즉시 행동해야 할 때 무의미하게 행동을 미루는 습관이 있기 때문이라는 사실을 깨달았습니다. 그 습관을 깨닫고 난 얼마나 예전의 나를 원망했던지……. 저는 억지로 수레를 끌게 된 당나귀의 우유부단의 사슬을 끊었습니다."

"그렇다면 이쪽에 계신 상인께 물어보고 싶습니다."

"당신은 비싼 옷을 입고 성공한 사람처럼 말하고 있는데, 언제 우유부단하신가요?"

"가축 중개하시는 분과 마찬가지로 저도 저의 우유부단함을 깨닫고 극복해야만 했습니다. 우유부단한 성격은 부자의 꿈을 이룰 순간에 잠복해서 기다리고 있는 가장 큰 적입니다. 조금 전에 말씀드린 이야기는 제가 놓쳐 버린 많은 기회들 중의 하나에 지나지 않습니다.

깨닫고 나면 극복하는 것은 어렵지 않습니다. 도둑에게 식량을 도둑맞고 기뻐하는 사람은 없습니다. 다른 상점에게 손님을 빼앗기고서도 기뻐하는 상점 주인도 없을 겁니다. 저는 필사적으로 적과 싸웠습니다. 바빌론에서 부자가 되기를 원하는 사람이라면 누구나 우유부단한 성격을 극복해야만 합니다.

어떻습니까? 알카드, 당신은 바빌론 최고의 부자이자 행운의 남자라고 일컬어지고 있습니다. 당신도 '우유부단한 마음을 깨닫지 못하면 완전한 성공을 얻을 수 없다'라고 생각하십니까?

"예, 저도 그렇게 생각하고 있습니다."

알카드가 인정했다.

"기나긴 인생을 살면서 무역, 과학, 학문 등 여러 분야에서 큰 뜻을 이루는 사람도 있습니다. 하지만 대부분의 사람들은 주저하다가 실패합니다."

알카드가 옷 만드는 사람을 돌아보았다.

"이 주제는 당신이 꺼낸 것입니다. 당신의 의견을 들어보고 싶습니다."

옷 만드는 사람이 대답했다.

"저는 생각이 조금 달라졌습니다. 예전에는 행운이라는 것을 '저절로 굴러들어오는 것'이라고 생각했습니다만, 지금은 다릅니다. 여러분의 말씀을 듣고서는 행운을 부르려면 기회를 붙잡아야 한다는 사실을 알게 되었습니다. 앞으로는 기회를 붙잡기 위해 최선을 다하겠습니다."

알카드가 마지막으로 자리를 정리했다.

"당신들은 잘 알고 있습니다. 행운은 기회 뒤에 따라서 옵니다. 여기 이 상인이, 행운의 여신이 던져준 기회를 잡았더라면 커다란 부를 얻었을 것입니다. 가축 중개인도 양 떼를 싸게 사서 비싼 값으로 팔았더라면 행운을 만끽할 수 있었겠지요.

자, 우리는 행운을 부르는 방법을 알기 위해 여러 가지 이야기를 나누었습니다. 이제 그 방법이 나온 것 같군요. 여러분의 이야기는 모두 기회 뒤에 행운이 온다는 내용이었습니다. 어떤 행운이 오든지 변하지 않는 사실은 바로 이것입니다.

그것은 '기회를 붙잡는 사람만이 행운을 부를 수 있다'라는 사실입니다. 기회를 잡으려고 열심히 노력하는 사람은 행운의 여신을 만날 수 있습니다. 여신은 자신을 기쁘게 만들어주는 사람을 돕습니다. 그리고 여신을 가장 기쁘게 만드는 것은 '과감하게 결정하고 행동하는 사람'입니다. 우리가 원하는 성공에 이르는 길은 바로 '행동'입니다.

5장

황금의 5가지 법칙

황금은
무리하게 욕심내는 자,
사기꾼의 말에 쉽게 넘어가는 자,
미숙한 스스로를 믿고
투자를 쉽게 생각하는 자에게서
떠나간다

"금화가 가득 찬 무거운 주머니와 지혜로 가득 찬 점토판 중에서 당신은 어느 쪽을 선택하겠는가?"

사막의 타오르는 태양 빛이 검게 그을린 남자들의 얼굴을 비추었다.

"당연히 금화 주머니지, 금화! 금화!"

스물일곱 명의 남자들이 일제히 대답했다.

칼라바브 노인은 미소지으며 손짓으로 그들을 제지했다.

"저기 야생의 개가 짖는 소리를 들어보게. 오랫동안 아무것도 먹지 못해 배가 고파서 저렇게 짖는다네. 하지만 저 개에게 먹이를 주면 어떻게 될까? 잠깐은 얌전해지겠지. 앞으로의 일 따위는 생각하지 않고. 인간도 마찬가지야. 금화와 지혜 중의 하나를 선택하라고 하면 지혜는 무시하고 금화를 낭비해 버리지. 다음 날이면 더 이상 금화가 없다고 울겠지. 금은 그 법을 아는 사람을 위해 존재한다는 사실을 알아야 하는데……."

칼라바브는 자신의 하얀 옷소매를 무릎 위에 얹었다. 차가운 겨울바람이 옷깃을 스치고 있었다.

"자네들은 오랜 여정 동안 임무를 성실히 수행해 주었네. 낙타를 돌보고 사막 여행을 불평 없이 같이했어. 우리 물건을 노리는 도적 떼들과 맞서 용맹하게 싸우기도 했지. 그래서 오늘 밤에는 자네들을 위해 '황금의 5가지 법칙'에 대해 이야기해 줄테니 귀 기울여 듣기 바라네. 잘 듣고 그 의미를 이해하면 자네들도 언젠가는 큰 부자가 될 수 있을 걸세."

그는 잠시 말을 멈추었다. 머리 위로는 별이 빛나는 바빌로니아의 투명한 밤하늘이 펼쳐져 있었고, 등 뒤에는 희미하게 빛바랜 천막이 무리 지어 있었다. 그들 옆에는 가죽으로 포장한 짐들이 가지런히 놓여 있었다. 낙타들이 그 옆에서 자고 있었는데 기분 좋은 듯이 입을 우물거리거나 코를 고는 녀석들도 있었다.

"칼라바브님, 당신은 그동안 좋은 이야기를 많이 들려주셨습니다."

그들 가운데 우두머리가 말했다.

"저희가 흩어진 뒤에도 인생의 지침으로 삼을 수 있는 지혜를 가르쳐 주십시오."

"나는 여러 가지 외국의 모험담을 이야기했었지. 오늘은 현명한 부자 알카드의 지혜에 관한 이야기야."

"알카드에 대한 이야기라면 익히 들어 알고 있습니다. 바빌론에서 가장 큰 부자가 아닙니까?"

"그가 바빌론 최대의 부자가 된 것은 누구보다도 '황금의 법칙'에 정통해 있었기 때문이야. 오늘 밤에는 내가 어렸을 때 알카드의 아들 노마시르에게 들은 훌륭한 지혜를 알려주도록 하지.

어느 날, 나는 주인과 함께 밤늦게까지 노마시르의 궁전에 머물고 있었다네. 주인이 카펫 다발을 운반하는 일을 돕고 있는데 노마사르는 마음에 드는 색이 나타날 때까지 카펫을 한 장씩 살펴보았지. 마침내 마음에 드는 것을 발견한 그가 매우 기뻐하며 최고급 와인으로 축배를 들더군. 그 와인의 향기는 더할 수 없이 향기로웠는데, 술에 익숙하지 않은 내 몸은 금세 뜨거워졌어. 그는 자리에서 아버지 알카드의 지혜를 들려주었지.

대부호의 자식이 유산을 상속받으려면 아버지와 함께 살아야 한다는 관습이 있었지만 알카드는 그 관습을 따르지 않았다네. 노마시르가 성인이 되었을 때 알카드는 아들을 불러 이렇게 말했다더군.

'너에게 유산을 상속하는 것이 나의 바람이긴 하지만 그 전에 네가 유산을 제대로 관리할 수 있는지 나에게 증명해야 한다. 세상에 나가 돈을 버는 힘. 세상 사람들에게 존경을 받을 수 있는 힘. 이 두 가지 물건을 주겠다. 내가 시작할 때는 가지고 있지 않았던 것이다.

첫 번째는 황금 주머니다. 이것을 현명하게 사용하면 성공의 밑거름이 될 것이다.

두 번째는 '황금의 5가지 법칙'을 새겨 넣은 점토판이다. 점토판에 새겨진 법칙대로 행동하기만 하면 너는 성공할 수 있을 것이다. 십 년 후에 이곳으로 돌아와서 어떻게 살았는지 나에게 보고하거라. 네게 자격이 있다면 유산을 상속할 것이고, 만약 자격이 없다면 신들의 의지를 받드는 사제에게 내 유산을 물려줄 것이다.'

노마시르는 금화가 가득 든 주머니와 비단으로 감싼 점토판을 품에 안고 노예와 함께 여행길에 올랐지.

약속한 십 년 후에 아버지의 집으로 돌아왔고 아버지는 돌아온 아들을 위해 일가친척을 불러 모아 성대한 연회를 열었지. 연회가 끝나자 알카드는 응접실 한쪽에 있는 의자에 앉았고 노마시르가 그 앞에 섰어.

밖은 이미 어두워졌고 방안을 비추는 등불의 심지가 타면서 생긴 연기가 실내를 떠다니고 있었지. 엄숙한 분위기였어. 노예들은 긴 손잡이가 붙어 있는 야자수 잎을 리드미컬하게 움직이면서 습한 공기를 밀어내고 있었어. 노마시르의 부인과 두 명의 아들은 카펫 위에 앉아 있었고, 노마시르가 공손한 자세로 이야기를 시작했다네.

'아버지, 아버지의 지혜에 경의를 표합니다. 십 년 전, 제가 성인이 되었을 때, 아버지는 저에게 여행을 떠나라고 분부하셨습니다. 아버지는 제게 넉넉한 금화와 지혜를 주셨습니다. 금화에 관해서는 제가 그것을 다루는 데 실패했다는 것을 인정합니다. 아이의 품속에서 산토끼가 빠져나가듯이, 돈을 다루어 본 적이 없는 제 손에서 금화가 빠져나갔습니다.'

아버지는 기분 좋게 웃었다.

'이야기를 계속해 보거라. 그간 있었던 일을 모두 듣고 싶구나.'

'저는 니네베로 가기로 마음먹었습니다. 그곳은 성장하고 있는 도시였기 때문에, 그곳에서라면 기회를 잡을 수 있다는 생각을 했습니다. 카라반과 함께 다니며 친구도 만들었습니다. 그중에는 아주 빠른 백마를 데리고 온 사람이 두 명 있었습니다.

여행 도중에 저는 그 두 사람으로부터 '한번도 져 본 적이 없을 정도로 발이 빠른 말'을 가진 부자가 니네베에 있다는 이야기를 들었습니다. 그 부자는 자신의 말이 이 세상에서 가장 빠르다고 믿고 있으며, 자신의 말이 바빌론의 어떤 말보다 빠르다는 것을 증명하는 일에 얼마든지 돈을 걸겠다고 했답니다. 하지만 그 부자의 말은 그 두 사람의 말에 비하면 당나귀 수준이라 반드시 질 것이라고 주장했습니다.

특별히 저를 끼워주겠다는 그들의 말에 저는 그만 넘어가 버리고 말았습니다, 그들의 백마는 처참하게 패배했고 저는 가지고 있던 돈의 대부분을 잃었습니다.

나중에야 그 두 사람에게 속았다는 사실을 알게 되었습니다. 그들은 속이기 쉬운 상대를 찾으려고 카라반과 동행하고 있었던 것입니다. 니네베의 부자라는 남자도 그들과 한패였습니다. 저를 속여 딴 돈을 셋이서 나누어 가졌던 것입니다. 저는 이 실패를 통해 자신의 눈으로 사실을 확인하는 일이 얼마나 중요한지를 알게 되었습니다.

그리고 얼마 후 '자신의 눈으로 확인하는 것' 만큼이나 중요한 사실이 또 있다는 것을 알았습니다. 카라반에서 친해진 젊은

이가 있었습니다. 그는 부잣집 아들이었는데 저처럼 새로운 사업을 찾아 니네베로 가는 길이었습니다. '갑자기 세상을 떠난 상인이 있었는데 그 상인의 고가의 상품과 상점의 소유권을 거의 공짜로 살 수 있다'고 그가 말했습니다. 그래서 우리는 공동으로 돈을 대고 그 상품과 상점을 인수하기로 했습니다.

그는 '돈을 가지러 바빌론에 다녀와야 하기 때문에, 일단 제가 먼저 돈을 지불하여 상품과 상점을 인수하고 자신은 바빌론에 다녀와서 약속한 돈을 지불하겠다'라고 했습니다.

하지만 그는 바빌론으로 가지 않았습니다. 알고 보니 그는 돈을 쓸 줄만 알았지 물건을 매입하는 일에는 소질도 없고 그럴 생각도 없는 사람이었습니다. 이 사실을 알고 뒤늦게 그에게 사업으로부터 손을 떼라고 했지만 결국 다시 큰 실패를 맛보았습니다. 제 손에 있던 상품은 전부 불량품이었고, 돈은 이미 바닥을 드러냈습니다.

그 이후부터 정말 힘들었습니다. 할 일도 찾지 못하고, 팔 물건도 없었고 그래서 돈벌이도 못했습니다. 말을 팔고 노예도 팔았습니다. 잠잘 곳과 먹을 것을 구하기 위해 옷도 팔았습니다. 당시의 생활은 정말 어려웠습니다.

하지만 그렇게 어려운 조건에서도 아버지의 말씀이 떠올랐습니다. 아버지는 저를 한 사람의 떳떳한 남자로 만들기 위해 더 넓은 세상으로 여행을 보내셨지요. 그래서 저는 자기 몫을

해내는 당당한 사람이 되겠다고 결심했습니다.'

노마시르의 어머니가 소매에 얼굴을 묻고 울기 시작했지.

'아버지가 제게 주신 '황금의 5가지 법칙'을 떠올린 것은 바로 그때입니다. 점토판에 쓰인 지혜의 말씀을 처음부터 주의 깊게 읽어서 지혜를 가지고 있었다면 이렇게 돈을 잃지는 않았을 것이라는 사실을 깨닫게 되었습니다. 저는 그 말씀을 전부 외울 때까지 읽고 또 읽었습니다.

만약 행운의 여신이 또 한 번 기회를 준다면 두 번 다시는 미련한 자신에게 기대지 않고 경험 많은 어른들의 지혜를 따르겠노라고 다짐했습니다. 여기에 와 계신 여러분을 위해서 십 년 전 아버지가 점토판에 새겨 주셨던 지혜의 말씀을 읽어 드리겠습니다.

1. 황금은 수입의 10분의 1이상을 자신과 가족을 위해 투자하는 사람을 따른다.
2. 황금은 올바른 투자를 할 줄 아는 현명한 주인에게 헌신적으로 봉사하며 양 떼와 같이 빠른 속도로 그 수가 늘어난다.
3. 황금은 전문가로부터 조언을 얻어 신중하게 투자하는 사람을 따른다.
4. 황금은 전문가가 인정하지 않는 서툰 사업이나 목적

을 위해 투자하는 이들에게서 도망친다.

5. 황금은 무리하게 큰돈을 벌려는 사람, 사기꾼의 유혹에 넘어가는 사람, 미숙한 자신만을 믿고 투자를 만만하게 보는 사람에게서 멀어진다.

이것이 아버지가 써주신 '황금의 5가지 법칙'입니다.'

그는 아버지의 얼굴을 다시 바라보았다.

'저의 미련함이 비참한 생활을 초래한 것입니다. 하지만 재앙은 언젠가는 끝이 납니다. 저는 도시의 외벽을 쌓는 노예를 감시하는 일을 찾은 순간이 그러했습니다. 저는 제1 법칙에 따라 첫 수입에서 동화 한 닢을 떼어 놓았습니다. 돈을 벌 때마다 액수를 늘려서 은화 한 닢으로 불렸습니다. 십 년 전에 아버지께 받은 금화를 그대로 돌려드리겠다고 결심했기 때문입니다. 어느 날 가깝게 지내던 노예 감독이 제게 말했습니다.

'자네는 절약 정신이 강하고 돈을 낭비하지 않는군.'

'맞아. 돈을 모아서 내가 잃어버린 아버지의 금화를 되돌려 드리는 것이 나의 가장 큰 소원이야.'

'훌륭한 생각일세. 알고 있니? 자네가 가지고 있는 돈이 자네를 위해 일한다는 것을. 그 돈이 더 많은 돈을 벌어올 걸세.'

'두 번 다시 아버지 돈을 잃고 괴로워하고 싶지 않아. 한 번으로 충분하다.'

'나를 믿는다면 돈을 벌 수 있는 방법을 알려주지. 이 외벽은 일 년 내에 완성될 거야. 그러면 각각의 입구에 커다란 청동 문을 세워야 할 때가 올 걸세. 니네베에는 그만한 양의 청동이 없어. 왕도 그 청동을 어떻게 구할 것인지 아직 아무런 대책이 없어. 그러니까 동과 주석이 나는 광산에 카라반을 보내서 이곳으로 운반해 오는 거야. 청동을 제공할 수 있는 사람은 우리뿐이라 문을 세우라는 칙령만 떨어지면 비싼 값에 팔 수 있을 걸세.'

저는 제3의 법칙에 따라 현명한 사람의 조언에 따라 모은 돈을 맡길 기회가 왔다는 것을 느꼈습니다. 이번에는 실패하지 않았습니다. 그 계획은 대성공을 거두었고 적은 액수로 큰돈을 벌 수 있었습니다.

다른 사업도 그의 동료들과 손을 잡았습니다. 그들은 돈을 다루는 데 달인이었으며, 어떤 사업을 하든지 착수하기 전에 진지하게 의견을 나누었습니다. 원금을 회수할 수 없는 위험한 투자는 하지 않았습니다. 제가 실패했던 경마나 동업의 단점도 지적해 주었습니다. 그들과 함께 안전한 곳에 투자하고, 또 투자 방법에 관해서도 공부했습니다. 재산은 매년 늘어나서 제가 잃어버린 것 이상의 금화를 저축할 수 있었습니다. 실패와 시련 그리고 성공을 통해 '황금의 5가지 법칙'을 계속 시험해 보면서 그것이 올바른 지혜임을 증명할 수 있었습니다. 이 법칙을 모르는 사람에게는 돈이 모이지 않습니다. 모인다고 해도 곧 돈이

도망가버립니다. 하지만 이 다섯 가지 법칙을 지키는 사람에게는 돈이 저절로 충실히 봉사합니다.'

노마시르가 이야기를 멈추고 시종에게 손짓을 했지. 시종은 금화가 들어 있는 묵직한 여러 개의 가죽 주머니를 가지고 왔고, 노마시르는 그중 하나를 아버지 앞에 내려놓고 이야기를 계속했어.

'아버지께서는 제게 한 자루의 바빌론 금화를 주셨습니다. 저는 같은 양의 니네베 금화로 돌려드리겠습니다. 지혜의 말씀을 새긴 점토판을 제게 주십시오. 그 보답으로 금화 두 자루를 더 드리겠습니다.'

노마시르는 그렇게 말하고 시종에게서 두 개의 주머니를 받아 아버지 앞에 내려놓았어.

'아버지, 이것은 금화라기보다는 아버지의 지혜에 대한 존경의 표시입니다. 지혜의 가치를 금화로 환산할 수는 없습니다. 지혜가 없으면 금화는 순식간에 사라져버립니다. 지혜만 있으면 없던 돈도 생깁니다. 이 세 개의 주머니가 그것을 증명하고 있습니다. 아버지 앞에서 서서 존경받는 부자가 되었다고 말씀드릴 수 있어서 너무나 기쁩니다.'

아버지는 노마시르의 머리 위에 부드럽게 손을 올려놓고 말했다.

'잘 배웠구나. 유산을 물려줄 수 있는 아들이 있는 나는 행복하다.’”

칼라바브는 이야기를 마치고 사람들을 바라보았다.

“자네는 노마시르의 이야기를 어떻게 생각하나? 자네라면 아버지의 집으로 돌아가 주신 돈을 잘 사용했다고 말할 수 있겠는가? ‘여행을 많이 하고, 많이 배우고, 일하며 돈도 벌었지만, 돈은 거의 남아 있지 않습니다. 일부는 현명하게 사용하고 일부는 어리석게 사용하면서 거의 모든 돈을 잃었습니다.’라고 말하면 아버지가 어떻게 생각하시겠나?”

큰돈을 가진 사람과 그렇지 못한 사람이 전부 운명에 의해 정해진다는 생각은 잘못된 거라네. 사람은 ‘황금의 5가지 법칙’을 알고 그것을 실천할 때 부자가 되네.

내가 부자가 된 것도 어릴 적에 이 이야기를 들은 이래로 계속 이 법칙을 지켜왔기 때문이지. 마법으로 돈을 벌어들인 게 아니야. 금방 모이는 것은 금방 흩어진다네. 오랫동안 즐거움과 만족을 주는 부(富)는 천천히 모이는 법이야. 그것은 지식이나 변하지 않는 목표가 만들어낸 자식과도 같은 것이지. 생각 있는 사람에게는 재산을 모으는 것이 작은 짐을 지는 것과 마찬가지야. 매일 작은 짐을 꾸준히 운반하는 것만으로도 목적을 달성할 수 있다네.

황금의 5가지 법칙에는 각각 깊은 의미가 있어. 자네들이 짧은 이야기를 잃어버리지 않도록 다시 한번 말해 두겠네. 나는 이것을 외우고 이 법칙이 얼마나 가치 있는 것인지 느낌으로 알았다네. 하지만 너무 어릴 때 들었기 때문에 그 의미를 다 이해하지는 못했어. 그래서 그냥 통째로 외워버렸지.

제1의 법칙

황금은 수입의 10분의 1이상을 자신의 가족을 위해 투자하는 사람을 따른다

수입의 10분 1을 착실하게 저축을 하는 사람은 반드시 가치있는 자산을 창출해낸다. 그것이 미래의 수입이 되어 자신이 죽은 후에도 가족의 안전을 지켜준다. 황금의 '제1의 법칙' 돈은 그런 사람에게 저절로 모인다고 말하고 있다. 나는 경험으로 그것을 증명해 보였다. 저축을 하면 할수록 돈은 점점 더 많이 모이게 된다. 모인 돈이 돈을 벌고, 그 돈이 또 다른 돈을 번다. 이것이 '제1의 법칙'이 만들어내는 결과다.

제2의 법칙

황금은 올바른 투자를 할 줄 아는 현명한 주인에게 헌신적으로 봉사한다. 그리고 양 떼와 같이 빠른 속도로 수가 늘어난다.

돈은 부지런해서 기회만 있으면 불어나려고 한다. 저축하는 사람에게는 누구나 그 돈을 현명하게 사용할 수 있는 기회가 온다. 돈은 매년 깜짝 놀랄 정도로 늘어날 것이다.

제3의 법칙

황금은 전문가로부터 조언을 얻어 신중하게 투자하는 사람을 따른다.

돈은 신중한 주인에게는 머물러 있지만 부주의한 주인에게서는 도망친다. 돈을 현명하게 잘 다루는 사람에게 조언을 얻는다면 재산을 안전하게 지킬 수 있으며 계속 늘어날 것이다.

제4의 법칙

황금은 전문가가 인정하지 않는 사업에 투자하는 이들에게서 도망간다.

돈을 다루는 데 익숙하지 못한 사람은 단번에 큰돈을 벌 수 있는 방법에 대해 생각한다. 그러나 그런 방법들의 대부분은 손해를 볼 위험성이 매우 높다. 또 현명한 사람들이 보기에는 돈을 벌 수 있는 가능성이 없는 것들이다. 자신의 판단을 과신해서 확실하지 않은 사업에 투자하는 사람들은 자신의 미숙함 때문에 손해를 본 뒤에야 자신의 잘못을 깨닫는다. 돈에 정통한 사람에게서 조언을 얻어 투자하는 것이 현명하다.

제5의 법칙

황금은 무리하게 큰돈을 벌려는 사람, 사기꾼의 유혹에 넘어가는 사람, 미숙한 자신만을 믿고 투자를 만만하게 보는 사람에게서 멀어진다.

돈이 모이면 달콤한 유혹을 받게 된다. 마법의 힘으로 엄청난 부를 손에 넣을 수 있다고 생각할지도 모른다. 그러나 현명한 사람에게 물어보아야 한다. 그들은 성급하게 돈을 벌려는 계획에 반드시 커다란 위험이 도사리고 있다는 사실을 잘 알고 있다. 이익이 생기지 않는 투자에는 눈길도 주지 않는 니네베의 부자를 잊지 말라.

드디어 내일 바빌론에 도착하는군. 벨 신전 위의 꺼지지 않는 불꽃을 보게. 황금의 도서가 바로 눈앞에 있어. 자네들은 내일 금화를 손에 넣게 될 걸세. 그것은 일한 것에 대한 보수야. 앞으로 십 년 후, 자네들은 그 금화에 대해 어떤 설명을 할 수 있겠나?

노마시르처럼 일부를 저축하고 알카드의 지혜를 따른다면 십 년 후 자네들은 큰 부자가 되어 존경받고 있을 거야. 현명한 행동은 사람을 기쁘게 하고 사람을 돕는 법이라네. 반대로 어리석은 행동은 사람들에게 피해를 주고 괴롭히지. 해야 할 때 행동하는 않는 것, 절호의 기회를 놓치고 후회하는 것도 모두 어리석은 생각과 행동들이네.

바빌론은 풍요로운 도시야. 매년 풍요로움의 가치가 더 커지고 있어. 그 부의 가치는 금화로는 환산할 수 없어. 모든 돈이 다 그렇겠지만 바빌론의 돈도 자네들의 정당한 보수야. 그 돈들은 정당한 보수를 얻으려고 결심한 사람들을 기다리고 있어. 마법의 힘은 자네들의 꿈속에 있다네. '황금의 5가지 법칙'으로 그 힘을 끌어내게. 그렇게 하면 자네들도 바빌론의 보물을 가질 수 있을 거야.

6장

바빌론의 대금업자

크게 후회하기 전에

작은 일에 주의를 기울일 것!

금화 50닢! 바빌론에서 창을 만드는 로담은 태어나서 처음 만져보는 거금이었다. 떨 듯이 기쁜 마음으로 왕궁을 떠나 시내로 성큼성큼 걷고 있었다. 허리춤에 매달린 금화 주머니에서 찰랑거리는 소리는 경쾌하고 달콤한 기분 좋은 음악처럼 들렸다.

금화 50닢. 이 큰돈이 전부 내 것이라니 믿기 어려운 행운이다. 집, 땅, 낙타, 말, 마차, 내가 원하는 것은 무엇이든 가질 수 있다. 이 돈을 어디에 쓰면 좋을까? 그날 밤, 여동생의 집이 있는 골목을 지나갈 때만 해도 로담은 자신의 일에 대해서만 생각하고 있었다.

며칠 후 저녁, 고민에 빠진 로담이 보석과 고급 의류를 취급하는 대금업자 마손의 가게를 찾아갔다. 아름다운 물건들에는 눈길도 주지 않고 곧장 안쪽 방으로 들어가니 마손의 모습이 보였다. 흑인 노예가 그의 시중을 들고 있었다.

로담이 그 자리에 선 채 말했다.

"상담할 일이 있습니다. 어떻게 하면 좋을지 모르겠습니다."

깜짝 놀랐던 마손의 얼굴이 밝아졌다.

"상담? 대체 무슨 일로 나 같은 대금업자에게 상담하러 왔단 말인가? 도박을 했나? 아니면 여자에게 빠졌나? 자네를 오랫동안 알고 지냈지만 내게 상담을 하러 온 것은 처음 아닌가?"

"아니, 그런 일이 아닙니다. 돈이 필요한 게 아니라 조언이 필요합니다."

"뭐라고? 돈을 빌려주는 사람에게 조언을 구하러 왔다고? 지금 내가 제대로 들은 것이 맞나?"

"예, 제대로 들으셨습니다."

"그런가? 창을 만드는 자네 로담은 누구보다 영리한 사람이라고 알고 있는데, 대금업자인 나에게 돈이 아니라 조언을 들으려고 왔다니. 어리석은 짓을 하고서 돈을 빌리러 오는 사람은 많지만 조언을 듣겠다고 오는 사람은 없었다네. 하지만 많은 사람들이 곤경에 처했을 때 의지하는 대금업자만큼 믿을만한 사람은 없을 거야. 로담, 식사라도 하면서 이야기를 나누지. 자네는 오늘 나의 손님이야."

마손은 이렇게 말하고 노예에게 말했다.

"앙드! 내 친구 로담을 위해 카펫을 준비하게. 아주 중요한 손님이야. 음식을 넉넉히 준비하고 가장 큰 잔과 최고급 와인도 함께."

그러고는 다시 로담을 향해 물었다.

"자, 무슨 고민 때문인지 들어볼까?"

"왕이 내리신 상금 때문입니다."

"왕이 내린 상? 그것이 고민의 원인인가? 무엇을 받았는가?"

"근위병들이 쓰는 창을 제가 만들어 드렸는데 그것을 보신 폐하께서 매우 기뻐하시며 제게 금화 50닢을 하사하셨습니다. 그런데 이 이야기를 들은 수많은 사람이 제게 와서 끊임없이 돈을 달라고 하는 통에 괴롭습니다."

"그건 당연한 일이지. 인간은 누구나 더 많은 돈을 원하기 마련이라네. '싫다'고 말하면 그만 아닌가? 그렇게 단호하지 못한가?"

"모두 거절했습니다. 하지만 '알았다. 빌려주겠다.'고 대답하는 것이 더 편할 것 같은 경우도 있습니다. 사랑하는 여동생이 부탁하는데 어떻게 거절할 수 있겠습니다?"

"진짜 여동생이라면 자네의 돈을 탐낼 리가 없네."

"동생의 남편 아라만 때문입니다. 남편이 돈을 벌 기회가 없었으니 돈을 좀 빌려달라고 합니다. 그 돈을 크게 불려서 돌려준다고 합니다."

"자네가 엄청난 이야기를 가지고 왔군."

마손이 말했다.

"돈은 정당한 주인에게는 자신의 책임을 다하지만, 인간관계를 변화시키기도 한다네. 또 사기를 당하지 않을까 잃어버리지는 않을까 노심초사하게 만들기도 해. 사람을 선행으로 이끄는 경우도 있지만, 선의가 원수가 되는 일도 있지.

자네는 동물의 말을 알아듣는 농부 이야기를 알고 있나? 자네에게는 그 이야기를 해주지. 돈을 빌리고 빌려주는 행위에는 단순히 그 돈의 주인이 바뀐다는 것 이상의 의미가 있다는 사실을 알아두게나.

그 농부는 매일 밤 농장을 산책하며 동물들이 하는 이야기를 듣고 있었어.

어느 날 밤, 키우던 황소가 '일이 너무 힘들다'며 당나귀에게 우는 소리를 하고 있었지.

'나는 아침부터 밤까지 쟁기를 끌어야만 해. 날씨가 더워도, 다리가 아파도, 목덜미 가죽이 벗겨져도 일하지 않으면 안 된다네. 자네가 너무 부러워. 색색의 모포를 등에 얹고 주인을 원하는 곳에 데려다주기만 하면 되잖아. 주인이 갈 곳이 없으면 하루종일 먹이를 먹으며 쉴 수도 있고.'

당나귀는 황소에게 친절하게 말했어.

'자네가 너무 고생하고 있는 것 같군, 내가 쉴 수 있는 법을 알려주지. 아침에 하인이 와서 쟁기를 걸려고 하면 땅바닥에 엎드려서 큰 소리로 울게. 그러면 하인은 주인에게 가서 자네가 아파서 일할 수 없다고 말할 거야.'

황소는 당나귀의 조언대로 땅바닥에 드러누워 큰 소리로 끙끙대며 아픈 척했지. 이를 본 하인이 주인에게 황소가 아파서 쟁기를 끌 수 없다고 말했어.

그러자 주인은 '그러면 당나귀에게 쟁기를 끌게 해라. 오늘 중에는 밭갈이를 끝내야 한다' 고 말했지.

그저 친구를 돕고 싶은 마음이었지만 당나귀는 온종일 고된 일에 시달렸어. 저녁에서야 쟁기에서 해방된 당나귀는 가슴과 다리에 통증을 느꼈고 목에는 상처투성이였지. 그날 밤 농장 주인은 다시 한번 외양간 앞을 지나며 동물들의 대화에 귀를 기울였어. 먼저 황소가 말했지.

'자네는 정말 좋은 친구야. 덕분에 오늘 하루를 쉴 수 있었어.'

'내가 바보였어. 자네를 도우려다가 그 짐을 내가 짊어지다니. 내일부터 자네 일은 자네가 하게. 자네가 또 병에 걸리면 도살장에 보내버린다는 주인의 말을 들었어. 진심인 것 같더군.'

그들은 더 이상 대화를 하지 않게 되었고 우정도 끝나버렸지.

로담, 이 이야기에서는 무슨 교훈을 얻었나?"

"재미있는 이야기이기 하지만 교훈은 없는 것 같습니다."

"그럴까? 이 이야기에는 교훈이 있어. 그리고 그 교훈은 간단해. '정말 친구를 돕고 싶다면 친구의 짐을 대신 지지는 마라'는 것이네."

"그 생각까지는 미처 못했습니다. 훌륭한 교훈이군요. 저도 여동생의 짐을 대신 지고 싶지는 않습니다. 그건 그렇고, 당신은 수많은 사람들에게 돈을 빌려주었는데, 모두 돈을 잘 갚습니까."

마손이 방긋 웃었다.

"그들이 돈을 갚지 않으면 내가 어떻게 대금업을 하겠는가? 돈을 빌려주는 사람은 채무자가 돈을 잘 쓰고 갚을 사람일지, 아니면 빌린 돈을 낭비하고 빚을 질 사람인지 신중하게 판단해야 해. 돈을 빌려줄 때 받아 놓은 담보를 자네에게 보여주지. 그것이 모든 것을 말해줄 거야."

마손은 붉은 가죽으로 장식된 큰 상자를 가지고 왔다. 청동 문양이 장식된 그 상자에 손을 올려놓으며 말했다.

"돈을 빌려 간 사람들에게서 받은 담보들이야. 돈을 갚을 때까지 이 상자 안에 넣어두는 거지. 돈을 다 갚으면 담보를 돌려주지만, 돈을 갚지 못하면 그 괘씸한 녀석을 영원히 잊지 않기 위한 기념품이 되는 거야.

자네도 알겠지만 빌린 돈보다 더 많은 가치가 있는 사람에게 돈을 빌려주는 것이 안전해. 땅, 보석, 낙타 등 달리 돈을 갚을 방법이 있기 때문이야. 이 담보 중에는 빌린 돈보다 더 비싼 보석도 있고, 돈을 갚지 못하게 되면 자기 자산의 일부를 양도하겠다는 증서도 있어. 이런 대출은 안전하다고 할 수 있지. 자산이 있으니 원금이 보장되고, 원금과 함께 이자까지 보장되니 말이야.

직업을 가진 사람도 안심할 수 있지. 자네와 같이 성실하게 일하는 사람은 불의의 사고만 당하지 않는다면 원금과 이자를 갚을 수 있지 않나. 그 사람의 직업과 성실함을 담보로 한 대출이라고 할 수 있지.

하지만 자산도 없고 직업도 없는 사람이 있어. 이런 사람들에게는 한 푼도 빌려줄 수 없어. 믿을만한 친구가 보증을 서 주지 않는 한 빌려줄 수 없지."

마손은 걸쇠를 풀고 상자 덮개를 열었다. 붉은 천 위에 놓여 있는 청동 목걸이가 가장 먼저 눈에 띄었다.

"이건 영원히 여기 있을 거야. 주인이 죽었거든. 아주 소중한 유품이지. 그가 동양에서 신부를 데려오기 전까지는 모든 것이 순조로웠다네. 그녀는 아름다웠지만, 이곳 여자들과 달리 요염한 매력을 가지고 있었지. 그녀는 아름다웠지만, 이곳 여자들과 달리 요염한 매력을 가지고 있었지. 목걸이의 주인은 데려온 신부가 원하는 것을 해주기 위해 돈을 물 쓰듯 써 버렸지. 결국에는 돈을 잃고 나를 찾아와서 상담을 했지. 나는 문제를 해결할 수 있다면 무엇이든 돕겠다고 했고 그도 반드시 해결하겠다며 의욕적인 태도를 보였지만 결국 문제를 해결하지 못했어. 신부와 말다툼 끝에 그녀의 칼에 찔려 죽었지."

"그 신부는 어떻게 되었습니까?"

마손은 붉은 천을 움켜쥐며 말했다.

"이게 그 여자의 유품이야. 그녀는 크게 후회하며 유프라테스강에 몸을 던졌어. 이제 빌려준 돈은 돌려받을 수 없게 되었다네. 나는 사랑 때문에 제정신이 아닌 사람에게 돈을 빌려주는 것은 위험하다는 교훈을 얻었지."

이렇게 말하고 마손은 상자에 든 소뼈로 조각한 반지를 꺼내며 말했다.

"이것은 어느 농장 주인의 것이야. 나는 그에게 카펫을 샀지. 메뚜기떼가 마을을 습격했을 때 내가 그를 도와주었어. 그는 농작물을 수확해서 빌린 돈을 전부 갚았다네. 그리고 얼마 후 다시 와서 자기가 들은 신기한 양(羊)이야기를 들려주더군. 아주 가는 양털을 가진 양인데, 바빌론에서는 볼 수 없는 아름다운 카펫을 짤 수 있다고 했어.

자기가 양 떼를 사고 싶은데 자금이 없으니 외국에 나가 그 양 떼를 데리고 올 수 있도록 돈을 빌려달라는 거였어. 지금 양 떼의 수가 늘어나고 있으니 내년에는 바빌론의 부자들이 양털로 만든 최고급 카펫을 보고 깜짝 놀랄 거야. 그러면 이 반지는 곧 돌려주게 되겠지. 그도 곧 돈을 갚을 수 있을 것 같다고 말하고 있고……."

"그런 사람에게는 돈을 빌려줘도 되겠군요?"

"돈을 벌기 위해 뚜렷한 목표를 갖고 돈을 빌리는 사람은 금방 알아볼 수 있어. 돈을 떼일 염려도 거의 없지. 하지만 아무런 계획도 없이 무분별하게 돈을 빌리러 오는 사람은 갚을 수 있을지 없을지 반드시 확인해봐야 해."

이번에는 로담이 보석이 잔뜩 박혀 있는 진귀해 보이는 금팔찌를 가리켰다.

"이 팔찌의 주인이 어떤 여인인지 궁금한가?"

마손이 조금 놀리듯이 말했다.

"저는 젊은 남자니까요."

"그렇군. 그 물건은 젊은 여인과는 전혀 관계가 없는 것이야.

그 팔찌의 주인은 수다쟁이 노파인데 꽤 잘사는 집안이었지. 전에는 단골손님이었는데 어느 날부터인가 악운이 계속되면서 형편이 어려워졌지. 그래도 그녀는 아들에게 사업을 시키고 싶어 했어. 카라반과 동업을 시키기 위해 자금을 빌리러 왔더군. 하지만 아들과 동업하던 카라반은 아들 몰래 물건을 싣고 도망쳐 버렸지. 아들은 빈털터리가 되었고, 노파는 아들이 더 크면 돈을 갚을 거라면서 이자도 내지 않고 있어. 이 보석이 빌려준 돈만큼 가치가 있는 것은 분명하지만."

"수다쟁이 노파도 당신의 조언을 구했습니까?"

"그럴 리가. 노파는 자기 아들이 바빌론에서 존경받는 사람이라고 거짓말을 했어. 의심하는 기색을 내비치면 대뜸 화를 내고, 아들이 위험한 사람이라는 사실을 알았지만, 노파가 보증을 서고 담보를 맡겼으니 나는 돈을 빌려주었네."

그리고 마손은 나무상자에서 예쁜 매듭의 밧줄을 흔들어 보였다.

"이것은 낙타 상인 네바트의 담보야. 낙타를 살 때마다 이렇게 매듭을 지어서 온다네. 네바트는 머리가 비상한 상인이지. 믿을 수 있는 사람이기 때문에 담보 없이도 언제든 돈을 빌려준다네. 훌륭한 사업 수완으로 신용을 얻는 상인은 그 외에도 많이 있다네. 그들의 담보는 이 상자 안으로 들어가고 나가기를 반복하지. 좋은 상인들은 바빌론의 재산이야. 그들의 일을 도와주는 것이 곧 나의 이익이지."

그러더니 이번에는 나무 상자에서 터키보석을 꺼내서 바닥에 집어 던졌다.

"이집트 녀석이 맡긴 담보야. 그 녀석은 돈을 갚지 의지가 전혀 없어. 내가 돈을 갚으라고 재촉하면 '내 사정이 이렇게 어려운데 어떻게 돈을 갚습니까? 당신이 훨씬 더 부자잖아요'라고 대답한다고, 어찌할 도리가 없어. 이 담보도 그의 아버지 거야.

그의 아버지는 아들의 사업을 위해 자신의 토지와 가축을 담보로 잡혔지. 처음 잠깐은 성공할까 싶었는데 큰돈을 벌고 싶어서 혈안이 된 사람이 섣불리 벌인 사업이 성공할 리가 없지 않은가.

젊은 사람들에게는 무모해 보이는 야망이 있어. 더 빨리 더 큰돈을 벌기 위해 어리석은 짓을 하지. 하지만 젊은이들은 경험이 부족하기 때문에 빚이 얼마나 무서운 함정인지 알지 못한다네. 돈을 빌리지 말라는 뜻은 아닐세, 돈을 빌려서 현명하게 운용하는 것은 권장할 만한 일이지. 나도 돈을 빌려서 사업을 시작하고 성공도 했으니 말이야.

그런데 이런 경우 대금업자인 나는 어떻게 하는 것이 좋을까? 젊은이는 절망해서 아무것도 하지 않고 있는 상태야. 돈을 갚으려는 의지도 없어. 그의 아버지에게서 토지와 가축을 빼앗는 건 내키지 않거든."

"모두 재미있는 이야기들입니다."

로담이 말했다.

"하지만 아직 제 질문에는 대답하지 않으셨습니다. 여동생에게 금화 50닢을 빌려주어야 할까요? 제게는 아주 중요한 문제입니다."

"자네의 여동생은 나도 인정할 정도로 확실한 사람이야. 만약 그녀와 그녀의 남편이 내게 돈을 빌리러 온다면 나는 '어디에 쓸 건가?'라고 물을 거야. 나처럼 보석과 고급 물건을 다루는 상인이 되고 싶다고 한다면 '장사에 대한 지식은 가지고 있나? 싼값에 물건을 가지고 올 수 있는 거래처는 어디인가? 또, 그것을 비싸게 팔 수 있는 곳은 알고 있나?'라고 물을 걸세. 그녀가 그런 지식을 알고 있는지를 보는 거지."

"아마 모를 겁니다."

로담이 말했다.

"제가 그녀의 남편에게 창 만드는 것을 옆에서 도와주었기 때문에 창은 곧잘 만들지만, 장사에 관해서는 잘 모를 겁니다."

"그렇다면 나는 그에게 '그것은 현명하지 못한 일'이라고 말하겠네. 장사하는 법을 모르는 사람은 상인이 될 수 없어. 아무리 의욕이 넘쳐도 실리를 찾을 수 없는 일에 돈을 빌려줄 수 없는 거라네. 하지만 '나는 여태껏 장사하는 것을 도왔던 경험이 풍부하다. 스미나르에서 주부가 만든 카펫을 싼값에 구입하는 방법도 알고 있고, 그것을 비싸게 파는 방법도 알고 있다.'라고 대답한다면 '준비가 잘 되어 있군. 의지도 높이 살 만해. 담보만 있다면 기꺼이 금화 50닢을 빌려주겠네.'라고 말할 거야.

그가 만약 '담보로 삼을 만한 것은 제 인격밖에 없습니다만, 빌린 돈은 반드시 갚겠습니다.'라고 대답한다면 '나는 금화 한 닢 한 닢을 중시하는 사람이야. 만약 스미나르에 가는 도중에 도적에게 습격이라도 당하면 어떻게 하나? 자네는 내 돈을 갚을 수 없게 되고 내 돈은 사라지고 마는 걸세'라고 대답할 거야.

로담, 나한테 돈은 사고파는 상품이라네. 돈을 빌려주는 것은 간단하지만 잘못 빌려주면 돌려받을 수 없게 되네. 돈을 빌려주는 사람은 위험한 것을 싫어하기 때문에 확실히 돌려받을 수 있다는 보증을 요구하지. 어려운 사람을 돕는 것은 좋은 일이지, 열심히 일해서 훌륭한 시민이 되려는 사람을 돕는 것은 좋은 일이지만, 내가 상대방의 짐을 대신 지는 결과가 되지 않도록 현명하게 도와야 한다네.

자네의 질문에서 조금 벗어난 대답일지 모르지만, 이것이 내가 자네한테 줄 수 있는 대답이네. 금화 50닢을 남에게 주어선 안 돼. 힘들게 일해서 상으로 받은 자네의 돈이 아닌가. 자네가 원치 않는 한 그것을 나누자고 강요할 수 있는 사람은 아무도 없어. 만약 재산 증식을 위해 그 돈을 빌려주고 싶다면, 신중하게 생각한 다음에 여러 곳으로 나누어서 빌려주게. 나는 위험한 것을 싫어하긴 하지만 돈을 그냥 묶어두는 노릇도 참을 수가 없어. 그리고, 창을 만든 지 몇 년이나 되었나?"

"3년이 다 되어 갑니다."

"이번에 왕에게 받은 상금을 제외하면 저축은 얼마나 되나?"

"금화 3닢입니다."

"일 년에 금화 한 닢을 모으려고 절약을 했군."

"그렇습니다."

"금화 50닢을 모으기 위해서는 오십 년 동안 절약을 해야 하는군."

"아마 평생이 걸릴 겁니다."

"자네의 여동생도 자네의 돈을 허무하게 날리는 것은 원하지 않을 걸게. 그렇지 않나?"

"예, 아마 그럴 겁니다."

"그렇다면 여동생에게 이렇게 말하게. '나는 단식 주간을 제외하고 꼬막 삼 년간 아침부터 저녁까지 열심히 일했어. 먹고 싶은 것, 입고 싶은 것도 참으면서 말이야. 그 노력과 절약의 결과가 바로 이 금화야. 나도 사랑하는 너와 너의 남편이 돈을 많이 벌기를 진심으로 바라고 있어. 내 친구인 마손을 납득시킬 확실한 계획을 가져 온다면, 성공의 기회를 잡을 수 있도록 기꺼이 일 년 치의 금화를 빌려줄게'라고.

장사든 뭐든 일을 할 마음이 있다면 그것을 증명해 보이겠지. 혹 실패한다고 해도 갚을 수 있을 정도의 빚만 질 것이고, 내가 대금업을 하는 이유는 사업에 사용하고도 남는 돈이 있기 때문이라네. 여윳돈으로 돈 때문에 고민하는 사람을 도우면서 내 재산도 늘려가고 싶어. 고생하고 절약해서 모은 내 돈을 잃고 싶지 않아. 원금을 갚는 것은 물론이고, 이자를 꼬박꼬박 내지 않는 사람에게는 돈을 빌려주지는 않을 생각이야.

로담, 나는 자네에게 담보의 비밀을 말해주었네. 자네는 이 이야기를 듣고 인간이 얼마나 나약한 존재인지, 또 갚을 방법도 없으면서 얼마나 필사적으로 돈을 빌리려고 하는지 알았겠지. 돈만 있으면 큰돈을 벌 수 있을 거라는 생각은 얼마나 어리석은 생각인가? 그들에게는 실제로 그것을 실현시킬 수 있는 힘도 경험도 없다네.

자네의 돈은 재산을 증식시킬 수 있는 곳에 투자해야 해. 자네도 언젠가 나처럼 될 거야. 재산을 잘 지키면 그 돈이 자네를 위해 돈을 벌어다 줄 거야. 그래서 자네가 죽을 때까지 자네에게 즐거움과 이익을 가져다주는 원천이 될 거라네. 하지만 그 돈을 손에서 놓으면 죽을 때까지 근심과 후회의 원인이 될 거야. 로담, 지금 자네의 주머니 안에는 금화 50닢이 들어 있네. 가장 원하는 게 무엇인가?"

"그 돈을 확실하게 지키는 것입니다."

"자네가 가장 원하는 것은 안전이군. 그렇다면 그 돈을 자네

여동생과 남편에게 맡긴다면 그 돈이 안전할까?"

"그렇지 않을 것 같습니다. 제 여동생과 남편은 돈을 잘 지키지 못하고 약속을 지키지 못할 것 같습니다."

"그렇다면 돈을 빌려줄 생각은 하지 않는 것이 좋아. 가족이나 동료들 돕고 싶다면, 돈을 손해 보지 않고 돕는 방법을 찾아보게. 지키는 법을 모르면 돈은 금새 사라져 버린다네. 그것은 사치를 하면 돈을 낭비하는 것과 다르지 않네. 그 다음에 원하는 것은 무엇인가?"

"그 돈으로 다시 돈을 벌어들이는 것입니다."

"역시 현명한 대답이군. 돈이 돈을 낳고 그래서 재산이 늘어나는 거야. 현명하게 빌려준 돈은 자네가 늙었을 때 두 배가 되어 있을 거야. 하지만 돈을 지키지 못하면 그 돈이 벌어들일 수 있는 돈까지 잃어버리는 거야. 자네의 돈으로 엄청나게 큰돈을 벌 수 있다고 하는 사람들을 주의하게. 그것은 사업의 법칙을 알지 못하는 몽상가들의 망언이야. 재산을 지켜서 나중에 즐거움을 누릴 수 있도록 보수적인 입장을 취하게. 터무니없이 높은 이자는 손실을 부르기 마련이네. 확실한 성공을 거둔 사업가들과 사귀면서 그들의 지혜와 경험을 얻는 것이 좋아. 그러면 돈을 가진 사람들이 흔히 겪는 재난도 피할 수 있다네."

로담은 감사 인사를 건네려고 했지만 마손은 아랑곳하지 않고 말을 이었다.

"로담, 왕의 상금이 자네에게 많은 지혜를 줄 걸세. 금화 50닢을 잃어버리고 싶지 않다면 아주 신중해야 해. 아마 여러 가지 유혹이 생길 테고 조언도 많이 듣게 될 거야. 큰돈을 벌 수 있는 기회도 올 테지. 하지만 돈을 빌려주기 전에 그 돈을 확실히 돌려받을 수 있는 방법을 알아두어야만 해. 바로 이 담보들이 그렇게 말하고 있다네.

조언이 더 필요하다면 언제든 내게 오게. 내 기꺼이 자네를 위해서 조언해 줄 걸세. 이 상자 덮개에 적혀 있는 글귀를 읽어보게나. 이것은 돈을 빌려주는 사람에게도, 빌리는 사람에게도 꼭 필요한 말이야."

'크게 후회하기 전에 처음부터 신중하라!'

7장

바빌론의 성벽

사람은 적절한 보살핌이 없으면
살아갈 수 없다

지금은 노인이지만, 젊은 시절의 반자르는 용맹한 전사였다. 지금은 바빌론 성벽의 정상으로 가는 길을 지키고 있다. 그 길 위에서 용감한 병사들이 적으로부터 성벽을 지키기 위해 필사적으로 싸우고 있었다. 수많은 시민들을 감싸 안고 있는 도시의 운명은 이들의 손에 달려 있었다.

고함소리, 말발굽 소리, 청동문 두드리는 소리가 들여온다. 문 안쪽에서 성문이 함락되었을 때를 대비해 창을 든 군사들이 대기하고 있었지만, 그들 대부분은 정규 군인이 아니었다. 바빌론의 정규 부대는 멀리 에람 정벌을 위해 왕과 함께 동쪽으로 출정해 있기 때문이다.

그 사이에 공격을 당하리라고는 아무도 생각하지 못했는데 강력한 아시리아 군대가 북쪽에서 기습 공격을 시작했다. 지금이 성문을 지키지 못하면 바빌론은 몰락하고 만다.

반자르 옆에는 많은 시민들이 모여 있었다. 모두 얼굴이 새파랗게 질린 채 부상자나 시체가 들것에 운반될 때마다 한숨을 쉬며 그 모습을 지켜보았다.

결정적인 순간이 왔다. 사흘간 성을 포위하고 있던 적군이 갑자기 성벽의 이음 부분과 성문을 공격하기 시작했다. 수비 병력은 높은 곳으로 올라가 사다리를 타고 올라오는 적군에게 끓는 기름과 화살을 퍼부으며 이들을 저지했고, 성벽 위로 올라온 적군은 창으로 제압했다. 수많은 화살이 적진에서 날아들었다.

노병 반자르는 전황을 파악하기에 유리한 위치에 서 있었다. 그는 최전선에 있었기 때문에 적이 후퇴하는 것도 가장 먼저 알 수 있었다.

"우리가 이길 수 있을까요?"

초로의 상인이 다가와 초조한 표정으로 물었다.

"내 세 아들은 왕의 군대로 전쟁에 나갔기 때문에 늙은 아내를 보살필 사람이 없습니다. 이러다가는 먹을 것도 모조리 빼앗기겠습니다. 여기는 모두 나이 든 사람들뿐입니다. 노예들마저 다 노인들입니다."

"진정하십시오. 바빌론의 성벽은 강합니다. 돌아가서 부인에게 전하십시오. 우리가 왕의 보물을 지키듯 이 성벽이 여러분의 재산을 지켜줄 거라고요. 적군의 화살에 맞지 않도록 성벽에 바짝 붙으세요."

아이를 안은 여인도 반자르에게 다가왔다.

"지금 상황은 어떤가요? 불쌍한 남편을 안심시키고 싶습니다. 솔직하게 말씀해 주세요. 남편은 부상을 당해서 열이 펄펄 끓는데도 저와 아이를 지키기 위해 갑옷과 투구와 창을 가져다 달라고 합니다. 적이 성안으로 들어오면 엄청난 복수가 시작될 거라고요."

"부인, 안심하십시오. 바빌론의 성벽은 높고 튼튼합니다. 이 성벽이 당신과 아기를 지켜줄 겁니다. 우리 병사들이 적에게 펄

펄 끓는 기름을 끼얹는 소리가 들리시지요?"

"예, 들립니다. 하지만 성문을 부수는 소리도 들리는걸요."

"남편에게 성문은 아주 튼튼하니 적의 공격을 거뜬히 막아낼 수 있다고 전하십시오. 적이 사다리를 타고 올라오면 창으로 무찌를 겁니다. 조심해서 얼른 돌아가십시오."

반자르는 무장한 병사들이 지나갈 수 있도록 통로를 열어주었다. 청동 갑옷을 입은 남자들이 철컹거리는 소리를 내며 길을 지나가자 한 소녀가 그에게 매달렸다.

"제발 가르쳐 주세요. 무서운 소리가 들리고 피를 철철 흘리는 사람도 보았어요. 무서워요. 집에는 엄마랑 아기들밖에 없어요. 우리는 어떻게 되는 건가요?"

반자르는 소녀가 안심하도록 애써 미소지으며 말했다.

"괜찮아, 바빌론의 성벽이 우리를 모두 지켜줄 거야. 꼬마 아가씨도 엄마도 동생도, 이 성벽은 세미라미스 여왕이 백여 년 전에 세운 성벽이야. 절대로 무너지지 않는단다. 돌아가서 엄마와 동생들에게 전하렴. 바빌론의 성벽이 우리를 지켜줄 거라고, 두려워할 필요는 없어."

노병 반자르는 처음 공격을 받은 날부터 성벽을 지켰다. 성 안에는 지원부대가 대열을 갖추고 서 있었다. 그들은 성벽을 올라가 싸우다가 부상자나 시체가 되어 내려왔다.

반자르에게 성벽의 안전을 묻는 시민들이 끊임없이 다녀갔지만, 노병은 누구에게나 '바빌론의 성벽이 당신을 지켜줄 겁니다'라고 자신 있게 말해주었다.

적의 공격은 한 달 동안 계속되었다. 성벽 위에 통로는 부상병들의 피로 물들었고 싸우다가 비틀거리며 내려가는 병사들의 모습에 반자르의 표정도 점점 굳어갔다. 성벽 밖에는 적군의 시체가 산을 이루었고 매일 밤 장례가 치러졌다.

마침내 한 달여 지난 밤에도 전투 소리는 끊이지 않았지만, 아침 해가 평원을 비추자 적군들은 모래 먼지를 일으키며 퇴각했다. 바빌론 군사들은 승리의 함성을 질렀다. 그 함성의 의미는 분명했다. 성벽 뒤에서 대기하고 있던 병사들도 승리의 함성을 질렀다. 시민들도 기쁨의 함성을 질렀다. 우레와 같은 승리의 함성이 도시 전체를 뒤덮었다.

사람들이 모두 집에서 뛰쳐나왔다. 도로는 승리의 기쁨에 취한 사람들로 가득 찼고 몇 주간 계속되던 공포는 기쁨으로 바뀌었다. 벨 신전의 꼭대기에는 승리의 불꽃이 타올랐고 그 푸른 불길이 바빌론의 승리를 널리 알렸다.

성벽은 바빌론의 풍요와 부를 빼앗아 바빌론 시민들을 노예로 만들려고 했던 적들을 패퇴시킨 것이다.

성벽이 도시를 완벽하게 지켜주었기 때문에 바빌론이 수 세기 동안이나 건재할 수 있었다. 이 튼튼한 성벽이 없었다면 바빌론 시민들은 살아남을 수 없었을 것이다.

바빌론 성벽은 스스로를 보호하려는 인간의 욕망을 상징적으로 보여주는 본보기라고 할 수 있다. 이 본능적 욕망은 예나 지금이나 마찬가지다. 현대인은 이 욕망을 만족시키기 위해 더 훌륭한 제도를 만들고자 고심하며 발전시켜 왔다. 우리는 보험, 예금, 신뢰할 수 있는 투자와 같은 튼튼한 성벽으로 어디서 나타날지 모르는 재앙으로부터 스스로를 지킬 수 있어야 한다.

8장

바빌론의 낙타 상인

결심하면 길은 열린다

사람은 배가 고플수록 머리가 맑아지고 음식 냄새에 민감해진다.

아즐의 아들, 타르카드도 그것을 절실히 느꼈다.

지난 이틀 동안 남의 집에서 몰래 딴 무화과 두 개 말고는 아무것도 먹지 못했다. 세 번째 무화과를 따려고 손을 뻗치는 순간 집 안에서 뛰어나온 여자가 그를 쫓아오기 시작했다.

시장까지 여자의 목소리가 따라와서 과일 장사의 바구니에 담겨 있는 향기로운 과일을 쓰다듬으려다가 그만두었다. 그는 여태까지 바빌론 시장에 이렇게 좋은 향기가 나는 과일들이 많은 줄 몰랐었다.

시장을 떠나 숙소로 걸어가다가 식당 앞을 어슬렁거렸다. 아는 사람을 만나 돈을 빌릴 수 있을지도 모른다. 그러면 차가운 표정을 짓고 있는 숙소 주인을 웃게 할 수도 있고 음식을 마음껏 먹을 수도 있다. 하지만 돈이 없으면 어디서도 환영받지 못한다.

그런데 세상에서 가장 만나고 싶지 않은 남자와 마주치고는 할 말을 잃었다. 키가 크고 마른 낙타 상인 다바시르, 그가 돈을 빌린 사람들 중에 가장 마주치고 싶지 않은 사람이 바로 다바시르였다. 돈을 곧 갚겠다고 말해놓고 약속을 지키지 못했기 때문이다.

다비시르는 그를 보자 기쁜 표정을 지었다.

"오오! 이거 타르카드 아닌가? 자네를 얼마나 찾았는지 몰라. 한 달 전에 빌려준 은화 두 닢과 예전에 빌려준 돈을 어서 갚게. 자네를 이렇게 만나게 되다니 오늘 운이 좋군."

타르카드는 상기된 얼굴로 서 있었다. 너무 배가 고파서 사죄의 말조차 떠오르지 않았다.

"미안합니다. 진심으로 미안합니다."

타르카드가 기어들어가는 목소리로 말했다.

"지금은 갚을 수 있는 돈이 하나도 없습니다."

"그렇다면 일을 해야지."

다바시르가 말했다.

"자네가 어려울 때 내가 도와주지 않았나. 자네 부모와 친구들도 참 너무하군. 그렇다면 내가 양보할 테니 동전 두세 닢과 은화 한 닢 정도는 갚을 수 있겠지?"

"저에게는 가난의 신이 붙어 있나 봅니다. 돈을 갚을 수가 없습니다."

"뭐라고? 가난의 신? 자신의 잘못을 신의 잘못으로 돌리다니. 돈을 갚지 못하는 자에게 가난의 신이 붙는 거야. 마침 나도 배가 고파서 밥을 먹으러 갈 텐데, 자네도 같이 가지. 자네에게 해줄 이야기가 있네."

다바시르는 식당의 제일 안쪽에 자리를 잡고 작은 카펫 위에 앉았다. 식당 주인인 카우스코르가 얼굴 가득 웃음을 띠고 나타

나자 다바시르는 익숙하게 주문을 했다.

"통통한 사막 도마뱀을 주게. 소스를 듬뿍 끼얹은 염소의 넓적다리도 주게. 그리고 배가 고프니 야채와 빵도 있는 대로 갖다 주게. 그리고 이 친구 것도 잊지 말게. 차가운 물 한 잔이면 되네."

타르카드의 어깨가 축 처졌다. 물이나 홀짝거리면서 다바시르가 염소 다리를 뜯는 것을 지켜보아야만 하는가? 그렇지만 아무 말도 할 수 없었다. 아무 말도 나오지 않았다.

다바시르는 다른 손님들을 향해 미소를 보내며 이야기를 계속했다.

"우르파에서 돌아온 사람에게서 어떤 부자의 이야기를 들었다네. 그 부자는 반대편이 비칠 정도로 돌을 얇게 잘라서 창틀 사이에 끼워 비를 막는다고 하더군. 그 돌은 노란색이라 그것을 통해 보면 온 세상이 노랗게 보이는 거지. 어떤가? 타르카드, 세상이 실제와 다른 색으로 보일 수 있다고 생각하나?"

"그럴 수도 있겠죠."

타르카드가 건성으로 대답했다. 그의 눈에는 식탁에 놓여 있는 염소 다리밖에 들어오지 않았다.

"나는 그렇다고 믿고 있어. 실제로 나는 여러 가지 색으로 세상을 보아왔다네. 내가 세상을 실제 색으로 볼 수 있게 된 이야기를 해주지."

"다비시르가 이야기를 해준대!"

옆자리에서 밥을 먹던 남자가 소리를 지르자 가까운 자리의 사람들은 각자의 카펫을 들고 다바시르 옆으로 다가왔다. 식당 안의 다른 손님들도 각자 먹던 음식을 들고 다바시르 주위로 몰려들었다.

순식간에 다바시르 주위는 사람들이 음식을 먹는 소리로 시끄러워졌다. 먹을 음식이 없는 사람은 타르카드뿐이었다. 다바시르는 타르카드에게 음식을 나누어주기는커녕 바닥에 떨어진 빵 조각 하나 주지 않았다.

다바시르가 염소고기를 뜯으며 말했다.

"내가 낙타 상인이 된 이야기라네. 옛날에 내가 시리아의 노예였던 사실을 아는 사람이 있는가?"

모두 깜짝 놀라 소곤거리기 시작했다.

"나는 젊었을 때 안장 만드는 아버지에게서 일을 배웠지. 아버지 가게에서 일을 배우다가 결혼을 하게 되었다네. 경험이 많지 않아서 겨우 아내를 먹여 살릴 정도의 돈밖에 벌 수 없었지. 그러던 중 외상으로 물건을 사는 방법이 있다는 사실을 알게 되었지. 나는 쓸데없는 욕망을 채우기 위해서 버는 돈보다 더 많은 돈을 쓰면서도 그것이 부끄러운 일이라는 사실을 깨닫지 못했네. 젊은 데다 경험이 없었기 때문이야. 돈도 없으면서 비싼 옷을 사 입고 아내와 집을 위해 사치품을 구입했지.

처음 얼마 동안은 별문제가 없었지만, 시간이 갈수록 생활비와 물건값을 감당할 수 없게 되었어. 빚쟁이들에게 시달림을 당해 생활이 점점 어려워졌지. 아는 사람들에게서 돈을 빌려도 역부족이었어. 상황은 최악으로 치달았고 아내는 친정으로 돌아가 버렸다네.

그래서 나는 바빌론을 떠나 다른 곳에서 기회를 잡아보려고 생각했어. 2년 동안 카라반에 들어가 일하며 이곳저곳을 전전했다네. 그러다가 카라반의 물건을 훔치는 도적 떼에 가담하기도 했지.

자유인의 아들로서 옳지 않은 행동이었지만 그때는 색안경을 쓰고 세상을 보고 있었기 때문에 나 자신이 얼마나 타락했는지조차 몰랐어.

첫 도둑질에 성공한 나는 돈과 고급 물건을 손에 넣고 그 약탈품을 에티오피아로 가져가서 전부 써버렸어. 그런데 두 번째 습격에서 우리는 운이 좋지 않았어. 약탈당했던 카라반이 고용한 용병들에게 오히려 공격당했어. 우리 카라반의 우두머리 두 사람이 살해되었지. 나머지 무리들은 다마스커스로 끌려가 노예로 팔려가게 되었지.

나는 은화 두 닢에 시리아의 족장에게 팔려갔다네. 내 모습은 삭발한 머리에 속옷 한 장만 걸친 노예들의 모습과 조금도 다름이 없었다네. 세상 물정 모르던 나는 그것도 모험이라는 생각이 들었어. 그런데 주인이 나를 네 명의 부인 앞으로 데리고 가더니 '환관으로 쓸 수 없을까?'라고 말하는 거야.

그때 비로소 나는 내 처지가 어떤지 깨닫게 되었어. 사막 민족은 호전적이고 야만적이야. 도망칠 방법이나 무기가 없으면 그들에게 복종하는 수밖에 없어. 네 명의 여인들이 나를 뚫어지게 쳐다보는데 덜컥 겁이 나더군. 제일 나이가 많은 부인 실라가 나를 쳐다볼 때, 나는 그녀의 눈길을 피했다네. 그리고 두 번째 부인은 눈부시게 아름다운 미인이었는데 나를 벌레 보듯 쳐다보더군. 나머지 여자들은 그냥 재미있어할 뿐이고.

마치 재판의 판결을 기다리는 것 같은 기분이었어. 드디어 실라가 담담한 말투로 이렇게 말했어.

'환관은 충분히 있지만, 낙타를 부리는 사람이 부족합니다. 게다가 일을 제대로 하는 사람이 없어요. 오늘만 해도 아프신 어머니를 보러 가고 싶었는데 낙타를 제대로 끌 줄 아는 노예가 없었어요. 낙타를 잘 다루는 노예가 필요해요. 이 노예에게 잘 할 수 있는지 한번 물어보죠.'

'낙타에 대해서는 잘 알고 있나?'

주인이 내게 물었어.

나는 겨우 마음을 진정시키고 '무릎을 꿇게 하는 것도, 짐을 싣는 것도 할 수 있습니다. 장시간 여행을 해도 낙타가 지치지 않게 만드는 방법도 알고 있습니다. 낙타 안장을 손볼 줄도 압니다.'라고 대답했어.

'실라! 노예가 이렇게 말하니 당신의 낙타를 맡기는 게 좋겠소.'

이렇게 해서 나는 실라의 노예가 되었고 다음 날부터 그녀가 아픈 어머니를 보러 갈 때 낙타를 끌게 된 거야.

나는 실라에게 인사를 한 후, 내가 사실은 노예가 아니라 바빌론의 유서 깊은 안장 장인의 아들이며 자유인이었다고 말했지. 그 외에도 많은 이야기를 했는데, 나는 그녀의 대답에 상처를 입었다네.

'이렇게 된 것도 다 너의 잘못 때문 아닌가? 그러고도 자유인이라고 할 수 있나? 노예의 혼을 가지고 있는 사람은 어떻게 태어나더라도 결국에는 노예가 되는 법. 자유인의 혼을 가지고 있는 사람은 아무리 어려운 상황에서도 존경받는 사람이 된다.'

나는 일 년간 노예들과 함께 생활했지만, 그들과 어울리지 않았어. 어느 날 실라가 그 모습을 보고 '다른 노예들은 함께 즐겁게 놀고 있는데 왜 너만 따로 떨어져 있지?'라고 물었어.

'당신의 이야기를 듣고 생각하고 있었습니다. 나에게 노예의 혼이 있는가? 저는 그렇게 살 수 없습니다. 그래서 떨어져 있었던 겁니다.'

내가 대답했어.

'나도 너와 같은 처지야. 남편은 내 지참금 액수가 컸기 때문에 나와 결혼했을 뿐이야. 하지만 그는 나를 사랑하지 않아. 여자가 원하는 것은 남자의 사랑을 받는 것. 나도 외톨이야, 아이를 가질 수도 없어. 만약 내가 남자였다면 노예로 살기보다는 죽음을 택할 거야. 하지만 우리 부족에서 여자는 모두 노예지.'

'지금의 저를 어떻게 생각하십니까? 저는 노예의 혼을 가지고 있습니까? 자유인의 혼을 가지고 있습니까?'

'바빌론에소 진 빚을 갚을 생각이 있나?'

그녀는 엉뚱한 질문을 했다.

'물론 있습니다. 하지만 갚을 방법이 없습니다.'

'시간은 흐르는데 빚을 갚을 노력조차 하지 않는다면 너는 노예의 혼을 가지고 있는 거라고 할 수밖에. 자신의 격을 높이는 방법은 단 하나. 성실히 돈을 갚는 거지.'

'하지만 시리아의 노예인 제가 무엇을 할 수 있겠습니까? 저는 비겁하지 않습니다.'

'그러면 증명해보거라.'

'어떻게 증명하면 됩니까?'

'네 고국인 바빌로니아의 국왕은 어떤 어려움이 있어도 적을 무찌르지 않느냐? 너의 적은 빚이다. 그것이 너를 바빌로니아에서 내쫓은 것인데 네가 그 적을 그냥 방치했기 때문에 우쭐거리며 점점 더 강해지는 것이다. 용감하게 맞서 싸웠다면 그 적을 무찌르고 승리를 거두어 사람들의 존경을 한 몸에 받았을 것이다. 하지만 너는 싸울 마음이 없으니 자존심도 버리고 노예가

된 것이다.'

나는 매정한 그녀의 말을 듣고 내가 노예가 아니라는 사실을 증명할 수 있는 것들을 생각해내려고 했지만 그럴 수 없었어. 사흘 뒤, 하녀가 나를 실라 앞으로 데리고 갔지.

'어머니가 또 아프시다. 가장 좋은 낙타 두 마리를 골라 놓아라. 긴 여행을 해야 하니 수통과 안장도 단단히 준비해 두어라. 천막으로 가면이 아이가 먹을 것을 줄 것이다.'

하루 동안의 여행치고는 음식이 너무 많다고 생각하면서 나는 낙타 등에 안장을 얹었어. 나는 실라의 낙타를 끌었고, 하녀가 탄 낙타가 그 뒤를 따랐지. 목적지에 도착했을 때 주위는 캄캄했어. 실라는 하녀를 물린 뒤에 나에게 말하더군.

'다바시르, 너는 자유인의 혼을 가지고 있느냐? 아니면 노예의 혼을 가지고 있느냐?'

'자유인의 혼을 가지고 있습니다.'

'그렇다면 내가 너에게 그것을 증명할 수 있는 기회를 주겠다. 남편은 술에 취해 있고 노예를 관리하는 사람도 없으니 지금이 낙타를 타고 도망가거라. 남편의 옷을 넣어두었으니 그것으로 변장을 하거라. 내가 어머니를 간병하는 틈을 타 네가 낙타를 훔쳐서 도망갔다고 말할 것이다.'

'당신은 여왕의 혼을 가지고 있군요. 부디 행복하시길 빌겠습니다.'

'내게 행복이 있을까? 나는 늘 먼 곳에서 행복을 찾고 있겠지. 너는 너의 길을 가거라. 갈 길이 멀다. 먹을 것도 물도 모자랄 것이다. 사막에서 신들의 가호가 있기를.'

나는 그녀에게 인사를 한 후 밤의 어둠 속으로 사라졌지.

정확한 방향을 몰라서 어느 쪽으로 가야 바빌론이 나오는지 알 수 없었지만, 어렴풋이 짐작한 대로 사막을 가로질러 갔어. 나는 낙타 두 마리를 끌고 도망쳤는데, 한 마리는 타고 한 마리는 끌고 갔어.

잠시도 쉬지 않고 밤새 사막 속으로 도망쳤지. 그 다음 날도 쉬지 않고 계속 도망쳐야 했어. 노예가 주인의 재산인 낙타까지 훔쳐서 도망치다가 잡히면 어떻게 되는지 알고 있었기 때문에.

다음 날 늦은 오후에 사막보다 더 황폐한 곳에 도착했어. 낙타는 뾰족한 바위 위를 걷다가 다리를 다쳐서 힘겹게 걷고 있었지. 그곳은 어떤 생명체도 살지 못하는 죽음의 땅이었어. 뜨거운 태양이 내리쬐는 그곳을 힘들게 걷고 있었지. 물도 먹을 것도 없이.

9일째 밤이 되었을 때 안장 위로 올라가지도 못할 정도로 몸이 쇠약해졌다네. 이대로 길에서 죽을 것만 같았어. 나는 땅에 드러누워 아침 해가 뜰 때까지 죽은 듯이 잠을 잤어. 눈을 뜨니 차가운 아침 공기가 느껴지더군. 낙타도 힘없이 누워 있었지.

주위를 둘러보니 바위와 모래 선인장뿐이었어. 물도 먹을 것도 없었지. 이젠 내 인생이 여기서 끝나는 것인가는 생각이 들더군.

머리는 점점 맑아졌지만, 몸이 말을 듣지 않았어. 터진 입술, 바짝 타들어 가는 목, 배고파서 쪼그라든 뱃가죽, 몸 전체에 감각이 없더군. 그러면서도 먼 산을 바라보는 사이에 의문이 들기 시작했어.

'나는 노예의 혼을 가지고 있는가? 자유인의 혼을 가지고 있는가?'

노예의 혼을 가지고 있다면 모두 포기하고 이 사막에서 죽을 것이다. 그것이야말로 도망친 노예에게 걸맞는 최후다. 하지만 자유인의 혼을 가지고 있다면 바빌론으로 돌아가 나를 믿어준 사람들의 돈을 갚고, 진정으로 사랑하는 아내를 행복하게 해주고, 부모님을 기쁘게 해 드려야 하지 않을까?

'빚이 나의 적이다. 그것이 너를 바빌로니아에서 내쫓았다.' 고 실라가 말했다. 그녀의 말대로다. 왜 나는 남자답게 맞서지 못하고 아내를 친정으로 돌아가게 만들었을까?

그때 신기한 일이 일어났어. 눈에 씌여 있던 뭔가가 떨어지는 것처럼 세상이 전혀 다르게 보이기 시작한 거야. 나는 그때 처음으로 인생의 가치를 알게 되었다네. 눈이 떠지면서 내가 해야 할 일들이 보이기 시작했어.

바빌론으로 돌아가 빚을 진 모든 이들을 만나자. 가능한 한 빨리 빚을 갚자. 아내를 위해 집을 짓고, 부모님이 자랑스러워하는 훌륭한 시민이 되자. 빌린 돈들은 적이지만 그 돈을 빌려준 사람들은 친구들이다. 나를 믿어준 고마운 사람들이다. 나는 결심했어.

나는 겨우 몸을 일으켰지. 배고픔이 별거냐. 목마름이 별거냐. 이 모든 것은 바빌론으로 돌아가는 도중에 일어난 작은 일일 뿐이다. 내 머릿속에는 적을 이기고 친구에게 은혜를 갚으려는 자유인의 의지가 자리 잡고 있었어.

내 목소리를 듣고 낙타도 눈을 떴어. 필사적으로 일어나려고 노력하더니 결국 일어나 북쪽을 향해 걷기 시작했지. 내 마음속의 목소리가 '바빌론이 바로 저기에 있다'고 속삭여주었어.

이윽고 물과 과일이 있는 풍요로운 땅에 도착했고 바빌론으로 가는 길을 발견했어.

노예의 혼은 '노예가 무엇을 할 수 있는가?'라고 한탄하지만, 자유인의 혼은 인생에서 해결해야 할 문제를 스스로 해결하려고 노력하는 거야.

어때? 타르카드. 배가 고프니 머리가 맑아졌는가? 존경받는 사람, 자유인으로 돌아갈 준비가 되었나? 자네는 세상을 있는 그대로 보고 있는가? 아무리 빚이 많아도 그 빚을 성실하게 갚고 존경받는 바빌론의 시민이 되고 싶은가?"

타르카드의 눈이 촉촉이 젖어 있었다.

"예, 제 마음속에서 자유인의 혼이 눈을 떴습니다."

"그런데 어떻게 존경받는 사람으로 돌아갈 수 있습니까?"

옆에 있던 사람이 물었다.

"결심을 하면 반드시 길이 열릴 겁니다."

타르카드가 대답했다.

다바시르가 다시 말했다.

"나는 결심을 한 후 바로 실행에 옮겼다네. 먼저 돈을 빌려준 이들을 찾아가 돈을 벌 때까지 기다려달라고 부탁을 했지. 대부분은 웃는 얼굴로 그렇게 하라고 하더군. 비웃는 이들도 있었지만 대부분 도움을 자청했지. 가장 많은 도움을 준 사람은 대금업자 마손이었어.

내가 시리아에서 낙타를 돌보는 일을 했었기 때문에, 나를 낙타 상인인 네바트에게 소개해 주었어. 네바트는 왕의 위임을 받고 원정에 필요한 낙타를 조달하고 있었는데, 내가 알고 있는 지식이 많은 도움이 되었지. 그렇게 일을 하면서 내가 빌린 돈을 모두 갚을 수 있었다네. 드디어 가슴을 쫙 펴고 떳떳하게 살 수 있게 된 거야."

다바시르는 음식을 쳐다보았다.

"카우스코르!"

그는 주방을 향해 소리를 질렀다.

"음식이 식어버렸구먼. 갓 구운 고기를 부탁하네. 타르카드에게도 새 요리를 갖다 주게. 내 친구의 아들이라네. 이제부터 같이 먹어보자고."

고대 바빌론의 낙타 상인 다바시르의 이야기는 여기서 끝난다. 그는 빚을 무찔러야 하는 적으로 보아야 한다는 원리를 깨닫고 자유인의 진정한 혼을 발견했다. 이것은 이전에도 현자들이 알고 응용했던 진리다. 시대를 막론하고 사람을 성공으로 이끌어주던 진리. 이것을 이해할 수 있는 지혜를 가진 사람은 앞으로도 풍요로운 삶을 살 수 있을 것이다.

9장

바빌론의 점토판

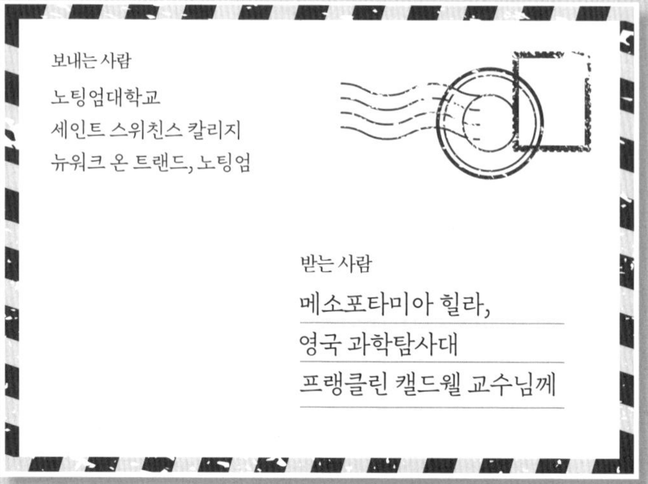

교수님께.

최근 교수님께서 바빌론의 유적지에서 발굴한 다섯 개의 점토판이 편지와 함께 도착했습니다. 저는 그 점토판에 매료되어 천천히 음미하면서 점토판에 새겨진 글귀를 무척 흥미롭게 번역했습니다. 바로 답장을 드려야 마땅하지만 번역을 마치는데 시간이 더 필요했습니다. 이제야 이 흥미로운 점토판에 대한 답장을 보내 드립니다.

점토판은 세심한 포장 덕분에 상처 하나 없이 도착했습니다.

점토판에 새겨진 내용을 보시면 번역을 함께 했던 저희 연구진과 마찬가지로 교수님도 깜짝 놀라시리라 생각합니다. 혹시 '아라비안 나이트'과 같은 모험과 로맨스를 기대하셨을 수도 있겠지만, 이 점토판은 다바시르라는 남자가 빚을 갚는 이야기가 자세하게 새겨져 있습니다. 5000년 전의 고대 바빌론도 지금과 별반 다르지 않았다는 생각이 듭니다.

이 놀라운 고대의 기록은 저를 향한 '질타와 격려'입니다. 명색이 대학 교수인 저를 부끄럽게 만드는 내용이었습니다. 먼지로 덮인 바빌론의 점토판에는 저를 짓누르는 빚과 얇은 지갑을 황금으로 채우는 방법이 적혀 있었습니다.

그래서 좋은 생각이 떠올랐습니다. 바빌론의 점토판이 가르쳐준 방법대로 실천해 볼 생각입니다. 오늘날에도, 저에게도 그 방법이 효과가 있을지 증명해 볼 작정입니다. 어쩌면 재산과 돈을 지키고 불리는 혁신적인 방법이 될 것 같습니다.

교수님의 작업에 커다란 성과와 축복이 있기를 바랍니다. 안녕히 계십시오.

1934년 10월 21일

고고학과 교수 알프레드 H. 슈루스버리 드림

첫 번째 점토판

보름달이 떠 있는 오늘 밤. 나, 다바시르는 시리아에서 노예로 살고 있지만 나의 모든 빚을 갚고 고향 바빌론으로 돌아가 존경받는 부자가 되기로 결심하고 탈출을 감행했다. 그후로 나는 나의 결심을 한시도 잊은 적이 없었다. 이 모든 일들을 점토판에 새겨서 잊지 않도록 남겨두려 한다. 나의 절친한 친구 마손의 조언에 따라 치밀한 계획을 세웠다. 빚지지 않고 존경받는 부자, 명예로운 인간이 되기 위해 3가지 목표와 계획을 세웠다.

첫째는 미래를 위해 재산을 모으는 것이다. 모든 수입의 10분의 1을 저축한다. 마손은 다음과 같은 지혜를 전해 주었다.

'사용하지 않는 돈을 지갑에 두둑이 남겨두는 자는 가족에게 충실하고 왕에게도 충성스런 사람이고 이로운 사람이다.'

'지갑에 돈이 조금 밖에 없는 자는 가족에게도 왕에게

이롭지도 해롭지도 않다.'

'지갑에 돈이 한 푼도 없는 자는 가족에게 불성실하고 왕에게도 불충하며 자신에게도 인색한 사람이다.'

'그러므로 성공을 원하는 자는 수입의 10분의 1을 꾸준히 모아서 지갑을 두둑하게 해서 가족을 부양하고 왕에게도 충성스러운 사람이 되어야 한다.'

둘째는 사랑하는 아내에게 좋은 옷을 입히고 넉넉한 생활비를 주는 것이다. 마손은 또 이렇게 말했다. '당신의 아내를 소중히 하라. 그러면 당신이 존중받고, 당신의 목표를 위한 결심이 더 단단해진다.'

이를 위해서 수입의 10분의 7을 집과 입을 옷과 먹을 것을 위해 사용해야 한다. 그밖에 취미나 오락에 사용하는 돈도 여기에 포함된다. 아무리 좋은 곳에 쓴다고 해도 수입의 10분의 7이상을 쓰면 안 된다. 그렇게 해야만 이 계획이 성공할 수 있다. 반드시 이 범위 안에서 생활해야 한다. '그 이상 물건을 사거나 지출하지 말 것!'

두 번째 점토판

셋째는 빚을 갚아 나가는 계획이다. 보름달이 뜰 때마다 수입의 10분의 2로 빚을 갚는다. 내가 돈을 빌렸던 모든 사람들에게 같은 액수를 정성껏 갚아 나간다. 나를 믿고 내게 돈을 빌려준 사람들의 이름과 그들의 정직한 얼굴을 여기에 새겨두고자 한다.

옷 만드는 파르 - 은화 2닢, 동화 6닢

침구 상인 산자르 - 은화 1닢

친구 아마 - 은화 3닢, 동화 1닢

친구 잔카르 - 은화 4닢, 동화 7닢

친구 아스카미르 - 은화 1닢, 동화 3닢

보석 세공인 하린시르 - 은화 6닢, 동화 2닢

아버지의 친구 디아르베가 - 은화 4닢, 동화 1닢

집주인 아르카하드 - 은화 14닢

대금업자 마손 - 은화 9닢

농부 비레지크 - 은화 1닢, 동화 7닢

빚의 합계는 은화 119닢, 동화 141닢이다. 이렇게 큰 빚을 갚을 방법이 없었기 때문에 아내를 친정으로 보내고 고향을 떠나 다른 곳에서 돈을 벌어 볼 생각이었다. 그러나 얼마나 어리석은 생각이었던가? 그 생각이 실패의 시작이었고, 그 결과 노예의 신분으로 전락하고 말았다.

마손은 얼마 안 되는 내 수입으로 빚을 갚을 수 있는 방법을 알려주었다. 얼마나 사치스럽게 낭비하고 있었는지, 얼마나 바보같이 살았는지 깨달을 수 있었다.

나는 돈을 빌려준 사람들을 일일이 찾아다니며 내 형편을 설명했다. 당장 지금부터 일하는 대로 얻는 수입의 10분의 2를 매달 그들에게 공평하게 나누어 갚겠노라고, 그 이상은 어렵지만 조금만 참고 기다려주신다면 반드시 모든 빚을 갚겠다고.

내가 가장 절친한 친구라고 생각했던 아마르가 나를 가장 심하게 비난했다. 그에게 심한 굴욕을 당하고 돌아오는 길에 농부 비레지크는 자신의 상황이 너무 좋지 않으니 돈을 먼저 갚아 달라고 했다. 집주인 아르카하드는 내 말을 듣지도 않고 빨리 갚지 않으면 나를 가만두지 않겠다고 협박했다.

하지만 다른 이들은 모두 흔쾌히 내 계획을 받아들였다. 그들을 피하기보다는 조금씩이라도 빚을 갚아 나가는 편이 훨씬 낫다는 사실을 확인했다. 그들의 모든 요구를 만족시킬 수 없었지만, 나는 매달 그들에게 공평하게 빚을 갚아 나갔다.

네 번째 점토판

밤하늘에 다시 보름달이 빛나고 있다. 나는 자유로운 마음으로 열심히 일했다. 아내는 빚을 갚겠다는 내 계획을 지지해 주었다. 지난달부터 계획에 따라 일하고 있다. 다리가 튼튼한 건강한 낙타를 거래한 대가로 은화 19닢을 벌었다.

나는 계획한 대로 돈을 나누었다. 10분의 1은 나를 위해 저축하고, 10분의 7은 아내에게 생활비로 주고, 10분의 2는 빚을 갚았다.

아마르에게 돈을 갚으러 갔다가 만나지는 못했지만 그의 부인에게 돈을 건네주고 왔다. 비레지크는 너무 기쁜 나머지 내 손에 입을 맞추었다. 그러나 늙은 아르카하드만은 퉁명스럽게 "더 빨리 갚아"라고 말했다. 나는 "저희에게 먹을 것이 충분해지고, 상황이 좋아지면 더 빨리 갚겠습니다"라고 대답했다. 다른 이들은 모두 내 노력을 칭찬하며 고마워했다.

나는 은화 4닢의 빚을 갚았고 은화 2닢을 저축했다.

이제 나에게 뭐라고 하는 사람은 아무도 없다. 내 마음은 더할 나위 없이 가벼웠다.

다시 보름달이 떠올랐다. 사력을 다해 열심히 일했지만 큰 성공을 거두지는 못했다. 낙타 거래도 거의 없다. 은화 11닢밖에 벌지 못했다. 그래도 아내와 나는 계획을 실행에 옮겼다. 새 옷은 사지 않고 변변찮은 먹거리로 버텼다. 은화 11닢 중 10분 1은 저축하고 10분의 7은 생활비로 사용했다.

나를 비난하던 아마르가 뜻밖에도 나를 반갑게 맞아 주었다. 돈을 빨리 갚으라던 비레지크도 나를 칭찬했다. 아르카하드는 갚는 돈이 적다며 화를 냈지만, 내가 다시 돌려달라고 말하자 화해를 청했다. 다른 사람들은 늘 그랬듯이 기쁘게 내가 갚는 돈을 받아 주었다.

다시 보름달이 떠올랐다. 너무 기분이 좋다. 훌륭한 낙타의 무리를 끌고 가는 상인을 만나 건강한 낙타를 충분히 살 수 있었다. 이번 달에는 은화 42닢을 벌었다. 그래서 아내와 함께 필요한 신발과 옷을 충분히 살 수 있었다. 고기도 실컷 먹을 수 있었다. 은화 8닢 이상을 빚을 갚았는데, 화를 내던 아르카하드도 아무 말도 하지 않았다.

우리 부부를 이끌어주는 이 계획은 정말 멋지다. 우리

를 빚더미에서 구하고 돈까지 모을 수 있게 하다니! 점토판을 새기기 시작한지 석 달이 지났다. 매달 수입의 10분의 1을 저축했다. 어렵다는 생각이 들어도 매달 10분의 7은 생활비로, 10분의 2는 빚을 갚는 데 사용했다.

지갑에는 은화가 21닢 들어 있다. 이제 당당하게 친구들과 어울리게 되었다. 아내는 항상 집을 깨끗하게 청소하고 단정한 옷차림을 하고 있다. 아내와 함께 살 수 있어서 정말 행복하다.

이 계획은 말로 표현할 수 없을 정도로 가치있는 것이다. 노예를 훌륭한 시민으로 바꾸어 놓았으니 말이다.

다섯 번째 점토판

또 다시 보름달이 떴다. 생각해보니 점토판을 새기기 시작한 지도 꽤 오래되었다. 벌써 12달이 지났다. 하지만 특히 오늘은 기록을 게을리하면 안 된다. 오늘은 빚을 완전히 청산하는 날이기 때문이다. 목적을 달성한 것을 자축하며 아내와 맛있는 식사를 했다.

마지막으로 빚을 갚으러 지인들을 방문하자 믿기 어려운 일들이 줄줄이 일어났다. 아마르는 무례하게 굴었던 일을 사과하며 나를 친구라고 불러주었다.

아르카하드도 그렇게 악의가 있었던 것은 아니었음이 밝혀졌다. 그가 이렇게 말했기 때문이다. "예전에는 자네는 손만 대면 모양이 흐트러지는 진흙덩어리 같았어. 지금의 자네는 아무리 꽉쥐어도 꿈적하지 않는 청동과 같군. 금화든 은화든 필요하면 언제든지 찾아오게나."

아르카하드뿐만 아니라 다른 이들도 모두 나에게 경의를 표했다.

나에게 자신감을 불어 넣어준 것은 아내의 빛나는 눈

동자였지만, 나를 성공의 길로 이끈 것은 내가 실천했던 계획 덕분이다. 빚을 청산하게 해주었을 뿐만 아니라, 금화와 은화로 가득찬 지갑까지 안겨주었다. 나는 긍정적으로 살아가려는 사람 모두에게 이 계획을 적극 추천한다. 노예였던 한 사람이 빚을 깨끗이 갚고 황금 지갑을 가지게 되었으니 말이다. 이 계획은 독립을 원하는 사람들에게 도움이 될 것이다. 나는 목표를 달성했다. 앞으로도 계속 이 계획을 실천한다면 큰 부자가 될 것이라고 확신한다.

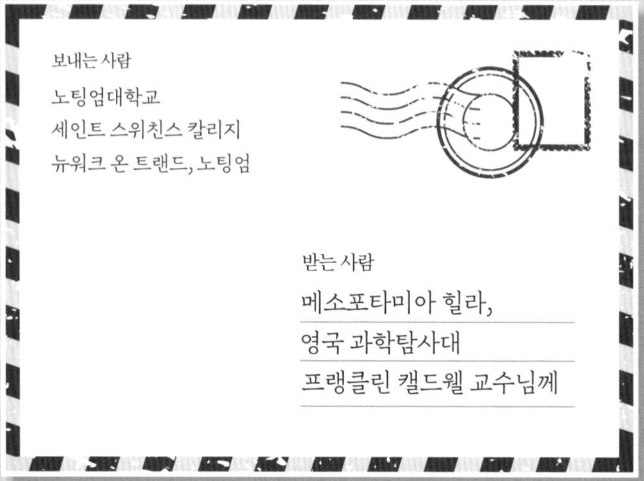

바빌론 유적 발굴이 더욱 진전되어 혹시 다바시르라는 이름을 가진 낙타 상인의 유령을 만나게 되면 안부를 전해주십시오. 오늘날을 살고 있는 대학 교수 부부가 먼 옛날의 점토판을 읽고 남은 생애 동안 그에게 감사하며 살고 있다고요.

2년 전, 빚을 청산하고 지갑을 황금으로 채울 수 있는 '점토판의 계획'을 제가 한번 실천해 보겠다고 말씀을 기억하시는지요?

친구들에게는 숨겨왔지만, 저희 부부는 재정적으로 큰 어려움을 겪고 있었습니다.

저희는 큰 빚을 지고 있었는데 그 사실을 창피하게 생각하고 있었습니다. 돈을 빌려준 누군가가 소문을 퍼뜨려 교수직에서 쫓겨나지 않을까 걱정하면서 잠도 제대로 못 잘 정도였습니다. 수입의 많은 부분으로 빚을 갚았지만 사정은 조금도 나아지지 않았습니다.

값비싼 물건을 외상으로 구입하다보니 생활이 나아지기는 커녕 빚이 더 늘어나는 악순환이 계속 되었습니다. 저희 부부는 꿈도 희망도 없는 생활이 계속되었습니다. 집주인에게도 많은 돈을 빌렸기 때문에 집세가 싼 집으로 옮길 수도 없었습니다. 그런 상황을 개선할 방법을 찾을 수 없었습니다.

그때, 고대 바빌론의 낙타 상인이 남겨놓은 점토판의 기록을 보게 되었습니다. 그도 저희와 똑같은 처지였습니다. 하지만 그가 남긴 이야기와 계획은 저희 부부에게는 희망의 불빛이었습니다. 저희도 빚진 사람들의 명단을 만들어서 그들을 만나러 갔습니다.

지금 당장은 돈을 갚을 수 없다는 사실을 설명했습니다. 그들은 일목요연하게 정리된 표를 보면서 저희 부부의 말을 수긍했습니다. 앞으로 빚을 갚는 유일한 방법은 매달 수입의 10분의 2를 공평하게 나누어 갚는 것입니다. 그렇게 하면 2년 안에는 돈을 전부 갚을 수 있습니다. 모든 거래는 현금으로 이루어지기 때문에 그들에게도 이익이 됩니다.

그들은 훌륭한 사람들이었습니다. 나이가 지긋하신 야채 가게 주인은 돈을 갚는 일을 도와주셨습니다. "현금으로 야채를 사준다면 빚을 줄여주겠네. 그리고 조금씩 빚을 갚아 나간다면 2년 안에는 모든 빚을 청산할 수 있을 걸세."

마침내 제 수입의 10분의 2로 빚을 갚아 나가는 계획에 전원이 동의하고 이 계획이 성공할 수 있도록 지지해 주었습니다.

저희 부부는 수입의 10분의 7로만 생활할 계획을 세우고 실천했습니다. 그리고 나머지 10분의 1로 지갑을 채우기 위해 저축하기로 결심했습니다. 미래의 두둑한 지갑을 상상하니 무척 기뻤습니다.

생활을 바꾸는 것은 일종의 모험과도 같았습니다. 즐거운 마음으로 계획을 실행하고 수입의 10분의 7로만 생활하는 것이 편해졌습니다. 일단 살던 집을 더 작은 집으로 옮겼습니다. 덕분에 상당한 돈을 절약할 수 있었습니다.

즐겨 마시던 고가의 홍차 대신 값싸고 좋은 홍차를 즐기며 기분 좋은 일들이 더 많아졌습니다.

이 모든 일들을 편지로 쓰자면 너무 길어지겠지만 저는 충분히 행복해지고 있습니다. 더 이상 빚 독촉의 고통에서는 벗어났으니까요.

그러나 수입의 10분의 1을 저축해서 지갑이 두둑해진 이야기는 말씀드리지요. 정말로 지갑이 두둑해졌습니다. 성급히다고 비웃지 마십시오. 돈이 조금씩 모이는 것은 정말 기분 좋은 일입니다. 남은 돈이 모이는 것을 보는 것은 정말 즐거운 일입니다.

좀 안정된 후부터는 더 많은 이익을 낼 수 있는 방법을 찾기 시작했습니다. 수입의 10분의 1을 투자하기 시작한 것입니다. 이것은 우리에게 가장 유용하고 만족스러운 것입니다. 또 가장 많은 보상을 가져다주었습니다.

투자한 돈이 착실하게 늘어나는 것은 정말이지 행복한 일입니다. 제가 교수직에서 은퇴할 때가 되면 상당한 액수가 되어 있을 겁니다. 퇴직 후의 생활은 그 돈으로 충분히 여유롭게 생활할 수 있으리라 생각합니다.

믿기 힘드시겠지만 이 모든 것이 다바시르라는 고대 바빌론의 낙타 상인이 가르쳐준 대로 실천한 결과입니다. 저의 빚은 점점 줄어들었고 투자한 돈은 늘어났습니다. 저희 부부는 경제적으로 훨씬 풍요롭게 살고 있습니다. 계획을 세우고 실천하는 생활과 무작정 생활하는 것이 이렇게나 다를 줄은 꿈에도 생각하지 못했습니다.

내년이면 모든 빚을 다 갚게 됩니다. 그러면 더 많은 돈을 투자하고 여윳돈으로 여행을 할 계획입니다. 수입의 10분의 7이상을 생활비로 쓰지는 않을 것입니다.

이것이 제가 고대의 낙타 상인에게 감사하고픈 이유입니다. 그가 남겨준 계획이 저희 부부를 '빚의 지옥'에서 구해주었습니다.

다바시르는 그의 계획을 실천하는 것이 중요하다는 사실을 알고 있었습니다. 자신의 쓰라린 경험이 후세의 사람들에게 도움이 되고 싶다는 생각에 점토판의 기록에 정성을 기울였던 것입니다. 그에게는 빚 때문에 괴로워하는 사람들에게 꼭 전해주고 싶은 메시지가 있었던 것입니다. 그의 메시지는 너무나 소중해서 바빌론이 멸망한 후 5000년이 지난 지금까지도 변함없이 생생하고 중요한 울림을 주고 있습니다.

교수님의 건승을 빕니다.

1936년 11월 7일

고고학자 알프레드 H. 슈루스버리 드림

10장

바빌론에서 가장 운 좋은 사나이

일을 싫어하는 사람들은
일을 적으로 만든다
일을 친구로 만들어라

바빌론 최고의 상인 샤루 나다는 당당한 모습으로 카라반을 이끌고 있었다. 화려한 옷을 좋아하는 그의 차림새는 늘 멋있었다. 말을 고르는 취향도 고급스러워서 아라비아 최고의 종마를 타고 다닌다. 지금 그의 모습에서 예전의 고통과 시련에 빠진 모습을 누가 짐작이라도 했겠는가?

다마스커스에서 시작된 사막으로의 긴 여행 중에 그는 수많은 어려움에 부딪혔다. 난폭한 사막 부족들은 언제나 그의 호화로운 카라반을 노렸다. 하지만 그는 두려워하지 않았다. 카라반을 지켜주는 든든한 기마대 덕분에 긴 카라반 행렬을 이끌어도 걱정하지 않았다.

그의 걱정거리는 따로 있었다. 다마스커스에서 데리고 온 청년 하단 굴라였다. 그는 오랫동안 동업한 아라드 굴라의 손자였다. 샤루 나다는 아라드에게 큰 은혜를 입은 적이 있었기 때문에 어떻게든 하단 굴라를 돕고 싶은 마음은 간절했지만, 할아버지와 너무 다른 청년을 보살피는 것은 쉽지 않았다.

샤루 나다는 하단 굴라가 끼고 있는 반지와 귀걸이를 보고 생각했다.

'저 아이는 자신에게 저 보석이 어울린다고 생각하고 있다. 할아버지를 닮은 사내다운 얼굴이지만 할아버지의 성품은 닮지 않았군. 제 할아버지가 남긴 재산을 탕진하고 애비가 진 빚 때문에 겨우 탈출시켜서 데리고 왔는데. 이거 어쩐다…….'

하지만 하단 굴라는 자신의 처지는 아랑곳하지 않았다.

불쑥 샤루 나다에게 하단 굴라가 물었다.

"카라반은 왜 어려운 긴 여행을 하면서 일만 하는 겁니까? 왜 인생을 즐기지 않지요?"

샤류 나다는 미소를 지으며 하단 굴라에게 말했다.

"자네는 인생을 즐기는 게 무엇이라고 생각하나? 만약 자네가 나라면 무엇을 하면서 인생을 즐기겠나?"

"내가 아저씨처럼 부자라면 왕처럼 살겠습니다. 이렇게 뜨거운 사막을 여행하지는 않겠습니다. 지갑 속에 있는 돈을 전부 써버릴 겁니다. 가장 좋은 옷을 입고 가장 비싼 보석을 몸에 걸치겠습니다. 이게 제가 생각하는 인생을 즐기는 것입니다."

"네 할아버지는 보석 따위는 몸에 걸치지 않았다."

샤루 나다가 은근히 꾸짖듯이 말을 이었다.

"일을 해보지 않겠느냐?"

하단 굴라가 서슴없이 대답했다.

"일은 노예나 하는 것입니다."

샤루 나다는 카라반 일행이 언덕 꼭대기에 다다를 때까지 입을 꽉 다물고 아무말도 하지 않았다. 그러다가 말고삐를 쥐고 멀리 있는 푸른 계곡을 가리켰다.

"저 계곡 아래를 보아라. 저 멀리 바빌론의 성벽이 희미하게 보이지 않느냐? 벨 신전의 탑이 보일 것이다. 눈 밝은 사람은 영원의 불꽃에서 나오는 연기도 보일 것이다."

"저기가 바빌론입니까? 저는 항상 세상에서 가장 부유한 도시 바빌론을 동경해 왔습니다. 꼭 한번 가보고 싶었습니다."

하단 굴라가 말했다.

"바빌론은 제 할아버지가 처음으로 행운을 잡은 장소입니다. 살아계셨다면 제가 이런 고생은 하지 않아도 될 텐데."

"너는 왜 돌아가신 할아버지에게 매달리는 것이냐? 너와 네 아버지도 훌륭하게 할아버지의 가업을 이어받으면 되지 않느냐?"

"아버지와 저는 할아버지의 재산도 잃고 할아버지의 능력도 물려받지 못했습니다. 할아버지가 황금을 끌어들인 능력, 그 비밀을 깨우치지 못한 까닭입니다."

샤루 나다는 대답도 없이 말고삐를 잡고 생각에 잠겨 계곡 쪽으로 내려갔다. 카라반이 붉은 모래 바람을 일으키며 뒤를 따랐다. 바빌론으로 이어지는 왕의 거리에 도착한 일행은 잘 정비된 농토를 지나 남쪽으로 향했다.

샤루 나다는 밭을 갈고 있던 세 노인을 만났다. 어디선가 본 사람들이라는 생각이 들었다. 40년 전에 그곳에서 만났던 사람들이었다. 40년 전과 다름없이 한 노인이 쟁기를 잡고 다른 두 노인이 힘겹게 황소를 부리며 밭을 갈고 있었다.

40년 전에는 샤류 나다는 그들을 부러워했었다. 그들처럼 될 수 있다면 영혼이라도 팔려 하지 않았던가? 그러나 지금은 어떤가? 그는 뒤따라오는 긴 카라반 행렬을 바라보았다. 다마스커스의 귀한 보물을 가득 실은 나귀와 낙타들을 흐뭇한 얼굴로 바라보았다. 그 보물들도 그가 가진 재산의 일부에 지나지 않았지만. 그는 쟁기질하는 세 노인을 가리키며 하단 굴라에게 말했다.

"저 사람들은 40년 전이나 지금이나 똑같이 저 밭에서 쟁기질을 하고 있구나."

"정말입니까?"

"그래, 바로 저 자리에서 저 사람들을 보았다."

옛날 일들이 주마등처럼 그의 기억에 스치고 지나갔다. 왜 과거를 묻어버리고 현실을 즐기며 살지 못하는 것일까? 샤루 나다는 하단 굴라의 얼굴에서 그 할아버지의 미소 띤 얼굴을 보았다. 그와 젊은 청년 사이를 가로막고 있던 장벽이 조금은 허물어진 기분이었다.

그러나 낭비벽에 물든 이 청년을 어떤 식으로 도와야 할까? 어떤 일이라도 해낼 의욕에 불타는 청년이었다면 일자리는 얼마든지 구해줄 수 있었다. 그러나 손을 더럽히면서 일하기엔 너무도 고귀한 신분으로 착각하는 젊은이에게 어떻게 일을 강요할 수 있겠는가? 그러나 그는 아라드 굴라에게 예전의 진 빚을 갚고 싶었다. 진정으로 마음에서 우러난 생각이었다.

그 순간 멋진 생각이 샤루 나다에게 떠올랐다. 그러나 망설이지 않을 수 없었다. 그의 가족과 그의 신분을 고려해야만 했다. 자칫하면 그의 가족에게 기억하기도 싫은 상처를 남길 수 있었다.

그러나 결단력있는 사람답게 샤루 나다는 곧바로 행동에 옮기기로 결정했다. 망설일 이유가 없었다.

"네 할아버지와 내가 어떻게 동업자가 되었는지 알고 싶지 않느냐?"

하단 굴라가 대답했다.

"그런 것보다는 아저씨가 어떻게 돈을 벌었는지 알고 싶어요. 제가 알고 싶은 것은 그것뿐입니다."

샤루 나다는 하단 굴라의 질문을 무시하고 계속 말했다.

"저기서 밭을 갈고 있는 사람들과의 일이 모든 것의 시작이었단다. 내가 네 나이였을 때였다. 우리가 저 농부들 옆을 지나갈 때, 내 옆에서 사슬로 묶여 있던 메기도란 농부가 저들의 성실치 못한 태도에 욕설을 퍼부어댔다. '저런 게으름뱅이들을 보았나? 쟁기를 잡은 사람이 쟁기를 깊이 박으려 하지 않고, 황소를 모는 사람들이 고랑을 따라 황소를 몰지 않는다면 어떻게 수확을 기대할 수 있겠나?'라고 말일세."

그때 하단 굴라가 깜작 놀란 표정으로 물었다.

"잠깐만요, 방금 메기도가 아저씨 옆에 사슬로 묶여 있었다고 말씀하셨나요?"

"그랬다. 우리 목에는 청동으로 만든 쇠테가 둘러져 있었고 굵은 사슬이 우리를 하나로 묶고 있었다. 메기도 옆에는 양을 훔친 자바도가 묶여 있었다. 내가 하룬에서부터 알고 지내던 사람이다. 끝에 있던 사람은 우리에게 이름을 밝히지 않아 우리는 해적이라고 불렀다. 선원처럼 가슴에 뱀 문신을 하고 있어 해적이었으리라 추측한 것이다. 어쨌든 우리 네 사람은 사슬에 묶여 한 사람처럼 지내야 했다."

하단 굴라가 믿을 수 없다는 표정으로 다시 물었다.

"그럼 노예처럼 사슬에 묶여 지냈단 말인가요?"

"내가 옛날에 노예였다고 할아버지가 말씀해주시지 않았는가?"

"아저씨에 대한 말씀은 자주 해주셨지만 노예 이야기는 없었습니다."

"네 할아버지는 그런 분이셨다. 비밀을 끝까지 지켜주시는 분이시지. 너도 그렇게 할 수 있겠니? 앞으로 내가 믿어도 좋겠지?"

이렇게 말하면 샤류 나다는 하단 굴라를 뚫어지게 쳐다 보았다.

"저를 믿으십시오. 이 비밀을 누구에게도 발설하지 않겠습니다. 하지만 놀랐습니다. 그런데 아저씨가 어째서 노예가 되었는지 말씀해 주시겠습니까?"

샤루 나다는 어깨를 으쓱해 보이며 대답했다.

"누구나 노예가 될 수 있는 법이다. 도박과 술, 이것 때문에 나는 노예가 되었네. 그렇다고 내가 도박과 술에 빠진 것은 아니었다. 내 형의 무분별한 행동 때문에 그런 재앙을 겪어야 했다. 어느 날 술에 취해 친구와 다툼을 벌이던 형이 그만 친구를 죽이고 말았다. 아버지는 형을 법의 심판대에 세우지 않으려는 생각으로, 형에게 살해된 친구의 부인에게 돈으로 보상하겠다며 나를 담보로 맡겼다. 하지만 아버지가 돈을 제때 마련하지 못하자 그 여자는 나를 노예 상인에게 팔아버렸다."

하단 굴라가 소리쳤다.

"아니, 그럴 수가 있나요? 그렇게 사람의 권리를 짓밟아도 되는 건가요? 어쨌거나 아저씨가 어떻게 자유를 되찾았는지 말씀해 주세요."

"지금은 때가 아니다. 하지만 언젠가 이야기를 해주마. 오히려 조금 전에 하던 이야기를 계속해주마."

우리가 목에 사슬을 걸고 지나가자 그 농부들은 우리를 놀려댔다. 한 사람은 낡은 모자를 벗고 허리까지 숙이면서 빈정거렸다.

"바빌론에 온 것을 환영합니다. 왕의 손님이시여. 바빌론의 왕께서 여러분을 성대한 연회를 준비해 두고 성안에서 기다리십니다. 벽돌과 양파 수프를 준비해두고 말입니다."

이렇게 빈정대며 그들은 커다랗게 웃어댔다. 해적은 화를 버럭 내면서 입에 담지 못할 욕지거리로 그들에게 저를 퍼부었다. 그래서 내가 해적에게 물었다.

"왕이 성안에서 우리를 기다린다니. 그게 무슨 뜻인가?"

"자네 등이 부서지도록 벽돌을 날라야 한다는 뜻인야. 어쩌면 등이 부서지기 전에 맞아죽을 수도 있겠지. 하지만 어림도 없어. 내게 채찍질을 하기 전에 먼저 죽여버릴 거야."

그러나 자바도가 코웃음을 치며 말했다.

"열심히 일한다고? 저 농부들을 보게. 저들의 등은 말짱해. 그저 열심히 일하는 척할 뿐이야."

메기도가 나무라듯 말했다.

"그런 식으로 게으름을 피우면 자네는 절대 노예 신세에서 벗어나지 못할 거네. 자네가 하루에 3000평이 넘는 밭을 갈면 어떤 주인이라도 자네의 성실함을 인정해줄걸세.하지만 절반밖에 밭갈이를 못하면 게으름을 피웠다는 증거겠지. 나는 게으름뱅이가 아니야. 나는 일하고 싶어. 나는 정말 신나게 일하고 싶어. 지금까지 일보다 좋은 친구를 만난 적이 없으니까. 내 농장과 가축들. 그 모든 것은 내가 열심히 일한 덕에 모은 것이었어."

자비도가 빈정대는 말투로 물었다.

"그런데 그 많은 재산이 지금 어떻게 되었나? 대충대충 사는 것이 나아. 일하지 않으면서 살 수 있다면 그것보다 좋을 수 있겠니? 두고보라구! 일을 좋아하는 자네가 벽돌을 나르면서 등이 부러질 때 나는 물주머니나 나르면서 대충 시간을 때울 테니까."

그날 밤 나는 지독한 두려움에 사로잡혀 잠을 이룰 수 없었다. 우리는 밧줄을 두른 비좁은 공간에 갇혀 밤을 지내야 했다.

고도소라는 산적이 우리를 감시하고 있었다. 그는 악당이었다. 지갑을 훔치면서 목줄기까지 따내는 악한 중의 악한이었다. 그러나 나는 지푸라기라도 잡고 싶은 심정에서 그에게 물었다.

"고도소, 언제쯤이나 바빌론에 도착하게 되나요?"

고도소가 목소리를 낮춰 되물었다.

"그런 것을 알아서 무엇하게?"

"당신은 내 심정을 이해할 수 없을 겁니다. 나는 젊습니다. 살고 싶습니다. 성벽을 쌓으면서 평생을 지내고 싶지는 않습니다. 채찍에 맞아죽고 싶지는 않습니다. 좋은 주인을 만날 방법이 없을까요?"

나는 간절한 목소리로 말했다.

"좋아, 자네가 착해 보이니 비결을 말해주지. 일단 자네는 노예시장으로 옮겨질 거야. 잘 듣게. 노예를 사려는 사람이 오면 성실한 사람처럼 보이도록 하게. 열심히 일하는 사람처럼 보이도록 하게. 그들이 자네를 사도록 만들게. 그렇지 못하면 자네는 다음 날부터 벽돌을 날라야 할 거야. 그때부터는 죽음과 싸워야 할 거야."

그리고 고도소는 입을 다물었다.

나는 따뜻한 모래에 몸을 누이고 검은 하늘에 반짝이는 별들을 바라보며 일에 대해 생각해보았다. 메기도가 일에 대해 말한 것이 떠올랐다. 나도 일을 가장 절친한 친구로 만들 수 있을까?

그러나 최악의 상황에서 벗어나려면 그 방법밖에 없었다.

그랬다! 일을 친구로 만드는 방법이 유일한 희망이었다. 바빌론이 가까워지면서 나는 그 방법이 유일한 탈출구라고 생각했다. 오후 늦게 우리는 바빌론의 성벽 앞에 이르렀다. 개미떼처럼 일렬로 늘어선 사람들이 가파른 언덕을 오르내리는 것이 보였다. 우리는 놀라지 않을 수 없었다. 수천 명의 사람들이 성전을 쌓는 데 매달리고 있었다. 도랑을 파는 사람들이 있었고 진흙을 벽돌로 만드는 사람들이 있었지만 대부분이 커다란 바구니에 벽돌을 잔뜩 담아 가파른 언덕 위까지 나르고 있었다.

감시병들은 줄에서 조금이라도 벗어나는 사람들에게 욕설을 퍼부으며 채찍질을 해냈다. 무거운 벽돌을 감당하지 못한 사람들이 비틀대면서 쓰러졌다. 감시병들이 채찔질을 해대도 일어서지 못하는 노예들은 곧바로 길가로 치워졌다. 고통에 찬 신음을 내뱉는 그들에게 온정의 손길을 보내주는 사람은 하나도 없었다. 그들에게 남은 것은 죽음뿐이었다. 나는 그 섬뜩한 장면을 지켜보면서, 만약 노예시장에서 팔리지 못한다면 나도 똑같은 운명이 될 것이란 생각에 몸서리치지 않을 수 없었다. 그랬다. 무슨 수를 써서라도 노예시장에서 팔릴 수 있어야 했다.

고도소의 말이 옳았다. 우리는 성문 안으로 들어서자마자 감옥으로 보내졌고, 다음 날 노예시장으로 옮겨졌다. 모두가 겁에 질려 발걸음도 떼지 못할 지경이었지만 사나운 채찍질에 움직이지 않을 수 없었다. 노예를 사려는 사람들이 우리를 차근차근 살펴보면 까다로운 질문을 던졌다. 메기도와 나는 성심껏 대답했다. 그들의 마음에 들려고 정말이지 혼신의 힘을 다했다.

해적의 저항은 대단했다. 결국 노예 상인은 왕의 수비대에게 도움을 청했다. 그들은 해적에게 족쇄를 채웠고 저항할 때마다 사정없이 채찍을 휘두르며 그를 어디론가 끌고 갔다.

메기도는 우리가 헤어질 때가 왔다고 느꼈는지, 내게 일의 의미에 대해서 말해주었다. 일이 내 운명을 결정하는 소중한 친구가 될 것이라고 말해 주었다.

"일하기를 싫어하는 사람들도 있네. 그들은 일을 앙숙처럼 생각하지. 그러나 행복한 미래를 만들고 싶다면 일을 사랑하게. 일을 친구처럼 생각하게. 물론 일은 힘든 것일세. 하지만 그것 때문에 일을 멀리해서는 안 되네. 자네가 좋은 집을 짓는다고 생각한다면, 어떤 대들보를 써야 하겠는가? 회반죽을 만들려면 멀리에서라도 물을 길러와야 되지 않겠는가? 젊은이, 내게 약속해주게. 좋은 주인을 만나면 주인을 위해 최선을 다해 일하겠다고 약속해주게. 주인이 자네의 성실함을 인정해주지 않더라도 개의치 말게. 하지만 최선을 다해 일한다면 언젠가 꼭 보답을 받을 수 있을 거네. 열심히 일하지 않으면서 어떻게 미래에 대한 희망을 가질 수 있겠나?"

그러나 우리는 대화를 멈출 수밖에 없었다. 우락부락하게 생긴 농부가 우리에게 다가와 우리를 유심히 살펴보았기 때문이다.

메기도는 그에게는 얼마나 큰 농장을 갖고 있는지, 어떤 농작물을 심는지 등에 대해서 물었다. 그가 무척이나 유용한 노예라는 것을 증명해 보이고 싶었던 것이다. 농부는 메기도의 성실함과 지식에 감동했는지 노예 상인과 한참이나 실랑이를 한 뒤에야 두툼한 지갑을 꺼내서 값을 치렀다. 그리고 메기도는 새 주인의 뒤를 따라 내 시야에서 멀어졌다.

아침에만 서너 명의 노예가 팔려나갔다. 정오가 되었을 때 고도소가 내게 다가와 은밀하게 속삭였다. 노예 상인이 장사가 시원찮아 다음날까지 노예 시장을 열지 않고, 해가 저물면 남은 사람들을 모두 왕이 노예로 팔아버릴 것이란 청천벽력과도 같은 소식이었다. 나는 거의 절망상태에 빠져다. 그때 마음씨 좋게 생긴 뚱뚱한 사람이 우리에게 다가와 빵 굽는 재주를 가진 사람이 있느냐고 물었다.

신이 내게 주신 기회였다. 나는 곧바로 그에게 다가가 말했다.

"주인님처럼 훌륭한 솜씨를 가진 분이 어째서 빵 굽는 사람을 또 찾으십니까? 오히려 주인님의 뛰어난 솜씨로 저와 같은 사람을 가르치는 편이 쉽지 않겠습니까? 저를 보십시오. 저는 젊습니다. 건강하고 일하기를 좋아합니다. 제게 기회를 주신다면 주인님을 위해서 목숨을 걸고 일하겠습니다. 최선을 다하겠습니다."

그는 내 의지에 감동했는재 노예 상인과 흥정을 하기 시작했다. 나를 산 이후로 내게 눈길조차 주지 않던 노예 상인은 내 능력을 과장되게 떠벌려대며 높은 값을 불렀다. 그때 나는 도살장에서 팔려가는 살찐 황소가 된 기분이었다. 마침내 흥정이 끝나고 나는 새 주인을 따라 노예 시장을 떠날 수 있었다. 바빌론에서 가장 운수좋은 사내가 된 기분이었다.

내가 새로 맞은 보금자리는 마음에 쏙 들었다. 내 주인이 된 나나 나이드는 보리를 빻는 방법, 화덕에 불을 지피는 방법을 내게 가르쳐 주었다. 꿀처럼 달콤한 케이크를 만들 때 사용되는 참깨 기름을 만드는 방법도 가르쳐 주었다. 곡물을 보관하는 창고가 내 방이었다. 내가 힘겨운 일을 도맡아 처리하자 집안을 관리하던 노예인 스와스티도 내게 무척이나 고마워하면서 먹을 것을 넉넉하게 주었다.

나는 주인에게 내가 가치있는 존재라는 것을 보여주고 싶었다. 그렇게 한다면 자유를 되찾을 수 있으리라는 희망 때문이었다.

나는 주인에게 내가 가치있는 존재라는 것을 보여주고 싶었다. 그렇게 한다면 자유를 되찾을 수 있으리라는 희망 때문이었다.

[illegible]나 나이드에게 밀가루를 반죽하고 빵 굽는 법을 [illegible] 청했다. 그는 내가 빵 만드는 기술을 적극적으로 [illegible]몹시 기뻐하며 기꺼이 가르쳐 주었다. 제빵 기술을 달했을 때, 나는 달콤한 꿀 케이크 만드는 비법도

가르쳐 달라고 청했다.

내가 모든 빵을 혼자서 만들 수 있게 되자, 그때부터 나는 나이드는 빈둥대며 소일하기 시작했다. 그러자 스와스티는 못마땅한 표정으로 고개를 절레절레 저으며 말했다.

"할 일이 없다는 것은 어떤 사람에게나 바람직한 것이 아니야!"

그러자 그것이 내게는 기회였다. 내 자유를 되찾는 데 필요한 돈을 벌 방법을 궁리하기 시작했다. 정오까지 빵 굽는 일이 끝나면, 오후에만 일하는 그럴 듯한 일자리를 찾아서 내가 번 돈을 나눠갖자고 한다면 나나 나이드가 흔쾌히 허락할 것이란 생각이었다. 그때 멋진 생각이 떠올랐다. 꿀빵을 좀더 만들어서 바빌론 시내를 돌아다니며 판다면 상당한 돈을 벌 수 있을 것 같았다.

나는 곧바로 나나 나이드에게 달려가 내 생각을 말했다.

"제가 주인님을 위해서 오전 일을 끝낸 후 남아있는 오후 시간을 제게 허락해주신다면 바빌론 사람들이 원하는 것을 만들어 직접 거리로 들고 나가 팔겠습니다. 그럼 돈을 좀 더 벌 수 있을 것 같습니다. 그렇게 번 돈을 주인님과 제가 나눠 가질 수 있지 않을까요?"

"돈이야 많을수록 좋은 것이지. 자네 생각대로 해보세."

그래서 나는 꿀빵을 만들어 팔겠다는 계획을 그에게 자세히 말해주었고, 그는 내 계획에 흔쾌히 동의해주면서 이렇게 덧붙였다.

"꿀빵 2개에 동전 한 닢을 받도록 하게. 그리고 총수입에서 절반은 재료비로 계산하세. 밀가루와 참깨, 그리고 빵을 굽는데 필요한 장작 값을 충당해야 하니까. 나머지 절반을 자네와 내가 절반씩 나눠 갖도록 하세."

총수입의 4분의 1이 내 몫이었기 때문에 나로서도 불만이 없는 제안이었다. 어쨌거나 내 돈을 만들 수 있는 기회가 생긴 것이다. 그날 밤, 나는 밤을 새워가며 꿀빵을 진열한 접시를 만들었다. 나나 나이드는 그가 입던 옷 중에서 내게 어울리는 옷을 준비해 주었고, 스와스티는 해진 곳을 기워서 깨끗하게 세탁까지 해주었다.

다음 날 나는 꿀빵을 넉넉하게 만들었다. 내 눈에도 먹음직스럽게 보였다. 나는 꿀빵을 시내로 들고 나가 큰소리로 외치며 손님들을 끌어모았다. 처음에는 아무도 관심을 보여 주지 않았다. 실망스러웠지만 나는 계속해서 큰소리로 꿀빵을 사라고 팔려나가시 시작했다. 그리고 그날 준비한 꿀빵이 순식간에 모두 팔려나갔다.

나나 나이드는 내 성공에 무척이나 기뻐하면서 내 몫을 기꺼이 떼어주었다. 내 돈이었다! 훌륭한 주인이라면 노예의 성실함을 인정해줄 것이라는 메기도의 충고는 옳았다. 그날 밤 나는 흥분된 가슴을 달래느라 잠을 이룰 수 없었다. 앞으로 1년 후에 얼마의 돈을 벌 수 있을지 계산해 보았다.

매일 꿀빵을 만들어 거리에 나가 팔았다. 단골 손님까지 확보할 수 있었다. 그 중 한 사람이 바로 아라드 굴라였다. 그는 아라비아의 융단을 전문적으로 파는 상인이었다. 융단을 가득 실은 나귀를 끌고 흑인 노예의 도움을 받아가며 바빌론 시내를 샅샅이 돌아다니는 부지런한 상인이었다. 그는 매일 꿀빵 4개를 사서 흑인 노예에게 똑같이 나누어 먹었다. 그리고 내게 많은 이야기도 해 주었다.

어느 날 아라드 굴라는 내가 평생 잊지 못할 이야기를 해주었다.

"자네가 만든 꿀빵은 맛있구만. 하지만 꿀빵을 거리까지 들고 나와서 파는 자네의 적극성이 무엇보다 마음에 드네. 그것을 잃지 않는다면 자네는 틀림없이 성공할 수 있을걸세."

아라드 굴라의 칭찬은 바빌론이라는 화려한 도시에서 굴욕적인 삶을 살고 있던 나에게 용기를 북돋워주는 격려였다. 노예에서 벗어날 길만을 찾고 있던 나에게 평생 기억할 따뜻한 격려였다.

그렇게 몇 달이 지나면서 내 지갑도 조금씩 채워지기 시작했다. 허리춤에서 묵직한 무게를 느낄 수 있었다. 일이 가장 소중한 친구라는 메기도의 충고는 조금도 틀리지 않았어. 나는 한없이 행복했지만 스와스티는 걱정스런 얼굴로 이렇게 말했다.

"주인이 도박장에서 보내는 시간이 점점 늘어나고 있어서 걱정이야."

어느 날 나는 길에서 메기도를 만날 수 있었다. 그는 채소를 가득 실은 나귀를 3마리나 끌고 시장으로 향하고 있었다.

"어떤가? 그동안 성심껏 일한 덕분에 이렇게 될 수 있었네. 주인이 내게 거래까지 맡길 정도가 되었네. 게다가 주인은 내 가족까지 데려와서 함께 살도록 해주겠다더군. 모두가 일을 열심히 한 덕분일세. 열심히 일한다면 언젠가는 자유를 되찾고 내 농장을 가질 수 있을걸세."

메기도는 예전과 다름없이 성실한 모습이었다. 그후 시간이 흐를수록 나나 나이드는 내가 거리에서 돌아오기를 초조하게 기다렸다. 내가 돌아오자마자 내 몫을 떼어주고는 곧바로 뛰쳐 나갔다. 게다가 내게 더 많은 꿀빵을 만들어 팔라고 재촉했고, 내 수입은 하루가 다르게 늘었다.

가끔씩 나는 바빌론 성밖으로 나가 성벽을 쌓는 노예들을 감독하는 사람들에게도 꿀빵을 팔았다. 그 끔찍한 현장을 보고 싶지는 않았지만 노예 감독관들이 언제나 꿀빵을 넉넉하게 사주었기 때문이다.

어느 날 나는 벽돌을 짊어지고 힘겹게 걸어가는 자바도를 보았다. 몰라보게 수척해진 모습이었다. 등에는 채찍 자국들이 선명했다. 나는 틈을 보아 그에게 꿀빵 하나를 주었다. 그는 굶주린 짐승처럼 꿀빵을 먹어 치웠다. 그러나 굶주림에 지친 얼굴을 보는 순간 나는 뒤로 물러서지 않을 수가 없었다. 그가 앞뒤를 가리지 않고 내 꿀빵 상자를 덮칠지도 모른다는 생각 때문이었다.

아라드 굴라가 어느 날 내게 물었다.

"이렇게 열심히 일하는 이유가 무엇인가?"

나는 메기도가 내게 해주었던 말로 대답을 대신했다. 일이 나에게 가장 소중한 친구라는 것을 증명하고 싶다고 대답했다. 그리고 돈으로 가득찬 허리춤의 주머니를 그에게 자랑스레 보여 주며, 그것으로 내 자유를 되찾을 것이라고 말했다. 그러자 아라드 굴라가 다시 물었다.

"자유를 되찾은 다음에는 무엇을 하려나?"

"장사를 시작해볼 생각입니다."

그때 아라드 굴라는 뜻밖의 비밀을 털어놓았다.

"그래? 자네는 몰랐을 테지만 나도 노예였네. 하지만 나는 내 주인과 지금은 동업자 관계지."

샤류 나다의 이야기를 조용히 듣고 있던 하단 굴라가 깜짝 놀란 목소리로 소리쳤다.

"그만, 그만하세요! 우리 할아버지를 모욕하는 거짓말을 듣고 싶지 않습니다. 할아버지는 노예가 아닙니다."

하단 굴라의 눈동자에서는 분노의 불길이 활활 타올랐다. 그러나 샤류 나다는 차분한 목소리로 말했다.

"내가 자네 할아버지를 모욕할 이유가 있는가? 불행을 딛고 일어나 다마스커스의 자랑스런 시민으로 자네 할아버지를 나만큼 존경하는 사람도 이 세상에 없을걸세. 그분의 손자인 자네에게도 그런 기질이 있는가? 어떤 난관 앞에서도 좌절하지 않고 다시 일어설 용기가 있는가? 지금처럼 헛된 꿈을 좇으면서 안일하게 살려는가?"

하단 굴라는 고삐를 당겨 말을 세우고 깊은 회한에 젖은 목소리로 대답했다.

"모두가 할아버지를 좋아했습니다. 할아버지는 숱한 선행을 베푸셨습니다. 가뭄이 닥쳤을 때 할아버지는 이집트까지 직접 달려가 곡식을 사와서 다마스커스의 굶주린 사람들에게 나눠주셨습니다. 그런 할아버지가 바빌론에서 노예였다는 사실을 어떻게 믿겠습니까?"

"자네 할아버지가 계속해서 바빌론의 노예로 지냈다면 경멸받아 마땅했겠지. 하지만 그분은 혼신의 노력으로 다마스커스를 대표하는 부자가 되셨다. 신들도 자네 할아버지의 성실함에 감동해서 과거의 모든 죄를 용서해주셨다. 여하튼 내 이야기를 끝까지 들어보거라."

아라드 굴라는 자신이 노예라는 비밀을 나에게 밝힌 후, 자유를 되찾기 위해 얼마나 열심히 일했는지 말해주었다. 그러나 자유를 되찾고도 남을 정도로 돈을 벌었지만, 자유인이 된 뒤에 무엇을 해야 할지 막막했다. 주인의 도움 없이 장사를 제대로 해낼 수 있을지 걱정이었던 것이다. 그때 나는 겁도 없이 이렇게 말해 주었다.

"주인을 떠나십시오. 더 이상 주인에게 연연하지 마십시오. 자유인이 되십시오. 자유인답게 행동하면서 성공하십시오. 목표를 세우고 지금처럼 열심히 일한다면 무엇이 두렵겠습니까? 틀림없이 성공할 수 있을 겁니다."

아라드 굴라는 내게 고맙다고 말했다. 내가 그에게 새로운 깨달음을 주었다는 것이다.

고대 바빌로니아는 노예도 재산을 가질 수 있었다. 주인이 전혀 손댈 수 없는 재산이 법적으로 보호받고 있었다. 또한 노예도 자유인과 결혼할 수 있었다. 그리고 그 사이에서 태어난 자녀는 자유인으로 인정받았다. 당시 바빌로니아의 도시에서 장사하는 사람들 대부분이 노예였다. 그들은 주인과 동업관계로 일하면서 상당한 재산을 모았다.

어느 날 성 밖으로 나갔다가 사람들이 구름처럼 모여 있길래, 한 사람을 붙잡고 무슨 일이냐고 물었다.

"아직 못 들었소? 감독관을 죽이고 도망쳤던 노예가 결국 잡혀왔다는군. 그래서 오늘 사형에 처해진다는 거요. 게다가 왕께서 친히 이곳까지 납신다는 속식이오."

그래서 사형대를 중심으로 사람들이 구름처럼 모여 있었다. 나는 꿀빵 상자가 뒤집어질까 두려워 사람들 틈새를 비집고 들어갈 엄두가 나지 않았다. 그래서 완성되지 않은 성벽 위로 갔다. 예상대로 사형대가 한눈에 들어왔다. 황금마차에서 내리는 느부갓네살 왕도 볼 수 있었다.

나는 불쌍한 노예를 죽도록 채찍질해대는 끔찍한 장면을 차마 볼 수 없었다. 그 노예의 고통스런 비명소리에 귀를 막지 않을 수 없었다. 인자한 얼굴의 느부갓네살 왕이 그처럼 잔혹한 현장에 참석한 것이 의아할 뿐이었다. 그러나 그는 웃고 있었다. 귀족들과 농담까지 주고받고 있었다. 그는 잔인한 사람이었다. 성벽을 쌓는 데 동원한 노예들을 어떻게 다루어야 하는지 잘 알고 있는 사람이었다.

그 노예는 모진 채찍질을 견디지 못하고 결국 숨을 거두고 말았다. 그의 주검이 높다란 기둥에 매달렸다. 모든 노예들에게 보내는 경고의 메시지였다. 사람들이 흩어지기 시작했다. 나는 조심스레 기둥에 다가섰다. 그의 가슴 문신이 내눈에 띄었다. 그는 해적이었다!

아라드 굴라를 다시 만났을 때 그는 완전히 다른 사람으로 변해 있었다. 그는 내게 반갑게 인사를 건네며 말했다.

"자네의 충고대로 자유인이 되었네. 자네가 내게 용기를 주었네. 자네 충고가 마법의 주문이었던 셈이야. 벌써부터 많은 돈을 벌고 있네. 내 아내도 무척이나 즐거워하지. 내 아내는 자유인이네, 내가 노예였던 것을 모르는 낯선 도시로 이사가고 싶어하네. 그래야 우리 자식들이 내 얼룩진 과거 때문에 손가락질 받지 않을 거라고 말일세. 그래서 그렇게 하는 것도 생각하고 있네. 어째든 자네 말이 맞았네. 일만큼 믿을 만한 친구는 없네. 내게 자신감을 되찾게 해준 원동력이었네."

언젠가 그가 내게 베풀어주었던 따뜻한 격려에 보답했다는 생각에 나도 기뻤다.

그러던 어느 날 스와스티가 슬픈 얼굴로 나를 찾아왔다.

"주인이 곤란한 처지에 빠진 모양이다. 지금은 주인의 얼굴을 보는 것도 두렵구나. 도박장에서 많은 돈을 잃고 빚까지 진 모양이다. 빵을 만들기 위해 들여온 밀가루 값도 갚지 못하고 게다가 빚쟁이들이 들이닥쳐 주인을 위협해대고 있다."

나는 생각없이 대답했다.

"주인 문제를 우리가 왜 걱정해야 하지요? 우리가 상관할 일이 아니라구요."

"어리석은 녀석! 아직도 모르겠느냐? 주인이 대금업자에게 빚을 갚는 대신에 너를 팔아 넘길 수도 있단 말이다. 그러면 대금업자는 너를 어떻게 처리하겠느냐? 노예 시장에 내다 팔 것이다. 정말 착한 주인이었는데, 그런데 왜? 왜 그처럼 착한 분에게 이런 불행이 닥쳐야 한단 말인가?"

스와스티의 걱정은 근거없는 것이 아니었다. 다음 날 아침 빵을 굽고 있을 때 대금업자가 사시라는 사람과 함께 찾아왔다. 사시란 남자는 나를 한참이나 뜯어 보더니 내가 마음에 든다고 말했다.

대금업자는 주인의 대답을 구하지도 않고, 그가 나를 데려갔다고 주인에게 전하라고 스와스티에게 말했다. 나는 내 돈이 담긴 주머니를 허리에 차고 헐렁한 옷만을 걸친 채 빵을 굽던 화덕을 떠나야 했다.

태풍이 숲에서 나무를 낚아채서 멀리 바다에 내팽개치듯이 나는 내 소중한 꿈을 잃고 말았다. 다시 도박과 술이 나를 불행의 늪에 몰아넣은 것이었다.

사시는 무뚝뚝하고 퉁명스런 사람이었다. 그의 집을 찾아가는 동안 나나 나이드에게 많은 돈을 벌게 해주었다고 말하면서 그를 위해서도 좋은 일을 하고 싶다고 덧붙였다. 그러나 그의 대답은 나에게 깊은 좌절만을 안겨주었다.

"나는 그런 것에 관심이 없네. 내 주인도 마찬가지일 걸세. 내 주인은 왕을 대신해서 대수로를 건설할 일꾼을 모으는 사람이니까. 나는 주인의 말대로 그저 열심히 일해서 빨리 끝낼 일꾼을 모으면 그만일세. 하지만 그 큰 공사를 어떻게 빨리 끝낼 수 있겠나?"

나는 한 그루의 나무도 없는 사막, 뜨거운 햇살만이 내려쬐는 사막에 내던져지고 말았다. 목을 축일 물도 없는 땅이었다. 새벽부터 밤늦게까지 땅을 파고 무거운 흙을 쉴새없이 짊어져 날아야 했다. 게다가 살아야하기 때문에 짐승이 먹는 것이나 다름없는 음식을 먹어야 했다. 천막도 없는 곳에서 잠을 자야 했다. 나는 그런 처참한 세계에서 지내야 했다. 그러나 미래를 꿈꾸면서 아무도 모르는 곳에 내 돈 주머니를 묻어두었다.

처음에는 성심껏 일했다. 그러나 시간이 흐르면서 나의 의욕도 꺾이고 피로에 지친 까닭에 뜨거운 햇살을 견디기가 더욱 힘들었다. 점점 아무것도 먹을 수 없게 되고, 잠도 제대로 잘 수 없었다. 내 운명만 한탄할 뿐이었다.

어느 날 문득 자바도가 생각났다. 자바도라면 적당히 꾀를 부리면서 일하는 방법을 알고 있을 것만 같았다. 내가 얼마나 고통스러웠으면 그런 생각을 했겠는가? 그러나 그를 마지막으로 보았던 때가 떠올랐다. 적당히 꾀를 부리는 방법은 결코 최선책이 아니었다.

해적도 생각났다. 그처럼 감독관을 죽이고 탈출하는 것이 더 낫지 않을까? 그러나 피를 흘리며 죽어간 그의 시체가 기억에 떠올랐을 때 그런 계획은 죽음을 재촉하는 무모한 짓일 뿐이란 사실을 깨달았다.

그리고 메기도를 마지막으로 보았던 때가 기억났다. 그의 손은 험한 일로 굳은 살이 박혀 있었지만 그의 얼굴은 행복해 보였다. 그의 말대로 최선을 다해 열심히 일하는 것이 최선의 방책이었다.

하지만 나도 메기도만큼이나 열심히 일하지 않았던가? 아니, 메기도도 나만큼은 열심히 일하지 않았을 것이다. 그런데 내가 절망의 나락으로 떨어진 이유가 무엇일까? 그렇게 최선을 다해 일했는데 왜 행복은 내게 멀어지는 걸까? 메기도에게 행복을 안겨준 것은 일이 아니었단 말인가? 행복과 성공은 신의 손에 달려 있단 말인가? 뼈가 부서지도록 일해도 내 꿈을 성취할 수 없단 말인가? 신의 허락이 없으면 평생을 힘겹게 일해도 행복과 성공을 누릴 수 없단 말인가? 이런 의문들이 꼬리를 물고 이어졌지만 나는 그 대답을 구할 수 없었다.

며칠 후 내 인내심도 한계에 이르고 말았다. 그대 사시가 나를 불렀다. 나를 죽음의 수렁에서 구해준 구원의 불빛이었다. 주인이 나를 바빌론으로 데려가겠다는 소식을 전해주었다. 나는 땅속에 묻어두었던 돈 주머니를 파냈다. 그리고 누더기처럼 해진 옷을 걸치고 곧바로 대수로 건설장을 떠났다.

주인의 집으로 향하면서 나는 아무리, 곰곰히 생각해보아도 내 고향 하룬에서 전해오는 운명의 노래처럼 살고 있는 기분이었다.

회오리바람이 사람을 에워쌀 때
폭풍이 사람을 몰아세울 때
그 누가 갈 곳을 알 수 있으리오
그 누가 앞날의 운명을 알 수 있으리오

결국 나도 운명의 노예인 것일까? 보이지 않는 힘에 의해서 내 삶을 살도록 운명지워진 것일까? 그렇다면 앞으로 얼마나 많은 불행을 겪어야 하는 것일까?

마침내 주인이 집에 도착했다. 마당으로 들어서면서 나는 놀라지 않을 수 없었다. 나를 기다리던 주인은 바로 아라드 굴라였다. 그는 잃어버린 형제를 다시 만난 것처럼 나를 반갑게 맞아 주었다.

나는 그의 노예였기 때문에 그를 주인으로 깍듯이 섬기려 했다. 그러나 그는 내 어깨를 감싸주면 말했다.

"자네를 찾아 사방을 돌아다녔네. 자네를 찾을 수 없다고 거의 포기하고 있을 때 스와스티를 만날 수 있었네. 그녀가 자네를 다른 주인에게 넘겼다는 대금업자에 대해 말해 주더군. 자네 주인에게 엄청난 돈을 주고 자네를 넘겨받았지. 하지만 자네는 그 이상의 가치가 있는 사람이네. 자네의 용기와 철학이 나에게 새로운 길을 열어주지 않았나? 내가 이처럼 성공할 수 있었던 것도 자네 덕분이었으니까?"

"아닙니다. 그것은 제 생각이 아니라 메기도의 생각이었습니다."

"메기도의 생각이 곧 자네 생각이네. 어쨌거나 자네 덕분일세. 우리는 조만간 다마스커스로 이사하려 하네. 자네를 내 동업자로 삼으려 하는데 허락해주겠나?"

그리고 아라드 굴라는 허리춤에서 작은 점토판을 꺼내 들었다. 내가 그의 노예임이 기록된 점토판이었다. 그는 그 점토판을 머리 위로 높이 쳐들어서 땅바닥에 내동댕이쳤다. 점토판은 산산조각났다.

나는 눈물을 펑펑 쏟으며 그에게 감사했다. 나는 바빌론에서 가장 운 좋은 사람이었다.

샤루 나다는 하단 굴라를 뚫어지게 바라보며 말했다.

"어떤 경우에도 일이 가장 소중한 친구라는 진리가 증명되었네. 최악의 불행을 맞아서도 우리가 기댈 것은 바로 일이네. 어떤 상황에서도 열심히 일하겠다는 각오가 있었기에 내가 그 죽음의 현장에서 벗어날 수 있었던 것이라 믿네. 나의 그런 자세가 자네 할아버지를 감동시켰던 걸세. 그래서 자네 할아버지가 나를 동업자로 삼았던 거지."

하단 굴라가 물었다.

"그럼, 할아버지가 돈을 벌 수 있었던 비결이 바로 '일'이었단 말씀입니까?"

"내가 자네 할아버지를 처음 만났을 때에는 열심히 일하겠다는 의지밖에 없었네. 그것만이 유일한 비결이었네. 자네 할아버지는 정말 일을 사랑하셨네. 그래서 신께서도 노력을 인정하시며 커다란 보상을 안겨주신 것이지."

하단 굴라가 비장한 목소리로 말했다.

"이제야 깨달았습니다. 할아버지에게 많은 친구가 있었던 것은 부지런히 일하는 모습 때문이었습니다. 할아버지는 정말 열심히 일했기 때문에 성공할 수 있었고, 많은 사람들의 존경을 받았습니다. 이제야 깨달았습니다. 일이 할아버지를 다마스커스의 자랑거리로 만들어주었던 것입니다. 일이 할아버지에게 그 많은 재산을 안겨주었던 것입니다. 어리석은 저는 지금까지 일을 노예에게나 어울리는 것이라 생각했습니다."

"물론, 인생을 즐겨야 하겠지. 그러나 삶을 즐긴다는 것이 무엇이겠느냐? 이 세상에 존재하는 가치있는 것 중에서 '일'이 노예의 것이라고 생각한다면, 나는 세상의 가장 큰 즐거움을 잃어버린 것이라 생각한다. 인생에서 즐길 많은 것들이 있지만, 일만큼 내게 즐거움을 주는 것은 없었다."

샤루 나다와 하단 굴라는 바빌론의 성벽이 드리워주는 그림자를 따라 걸었고 마침내 성문 앞에 이르렀다. 그들이 다가서자 성문을 지키던 병사들이 뛰쳐나와 샤루 나다를 정중히 맞아들였다. 샤루 나다는 카라반의 선두에서 성문을 통과해서 바빌론 시내로 들어섰다.

하단 굴라가 결의에 찬 목소리로 말했다.

"저도 할아버지와 같은 사람이 되고 싶었습니다. 하지만 할아버지가 어떤 사람이었는지 전혀 모르고 있었습니다. 이제야 깨달았습니다. 이제 할아버지를 더욱 존경하게 되었습니다. 그리고 더욱 할아버지와 같은 사람이 되고 싶습니다. 아저씨에게 정말 소중한 이야기를 들었습니다. 이 은혜는 평생 잊지 않을 것입니다. 오늘부터 저는 할아버지의 성공 비결을 따르겠습니다. 할아버지처럼 작게 시작하겠습니다. 제 처지에 어울리지 않는 이 화려한 옷과 보석을 벗어 던지겠습니다."

이렇게 말하며 하단 굴라는 귀걸이를 떼어내고 반지를 내던졌다. 그리고 고삐를 당겨 말을 세우고 샤루 나다의 뒤를 물러서서 걷기 시작했다.

11장

바빌론의 역사

바빌로니아 사람들은

뛰어난 금융가였고 상인이었다

인류 역사에서 바빌론만큼 풍요를 누렸던 도시가 있었을까? 바빌론은 우리에게 풍요와 화려함의 상징인 도시다. 바빌론을 설명하는 보물과 보석은 이미 전설적인 것이었다. 바빌론이 그처럼 풍요로운 도시였다면 흔히 바빌론이 삼림 자원이나 광산 같은 풍부한 천연자원들에 둘러싸여 있었을 것으로 상상하게 된다.

그러나 바빌론의 환경은 그렇지 않았다. 유프라테스강이 옆으로 흐르지만 사방이 사막으로 에워싸인 불모의 계곡에 건설된 도시였다. 숲도 광산도 없었다. 건물을 지을 돌조차 없었다. 자연스레 형성된 무역로에 건설된 도시도 아니었다. 강우량도 곡물을 재배하기에는 턱없이 부족한 곳에 건설된 도시가 바빌론이었다.

바빌론은 인간의 무한한 능력을 증명해준 도시였다. 인간이 사용 가능한 모든 수단을 동원해서 만들어낸 위대한 업적이었다. 그 거대한 도시를 지탱해준 자원들은 모두 인간의 손으로 만들어낸 것이었다. 황무지와 다름없는 땅에서 이룩한 풍요도 인간의 손으로 만들어낸 것이었다.

바빌론에는 2가지 천연자원이 있었다. 바로 비옥한 토양과 유프라테스의 강물이었다. 바빌로니아 사람들은 인류의 역사에 기록된 최초의 토목공사를 벌였다. 거대한 관개수로를 만들어 강물을 농토까지 끌어들였다. 척박한 계곡을 지나 건설된 관개수로는 비옥한 땅에 물을 공급하며 생명체가 자랄 수 있게 해주었다. 인간이 흘린 땀의 결정체인 관개수로는 그 땅의 사람들에게 풍요로운 농산물을 안겨주었다.

더욱 다행이었던 것은 바빌론을 지배한 왕들이 강인하고 현명했다. 바빌론에는 많은 전쟁이 있었지만 방어적인 국지전이었다. 대부분의 전쟁이 바빌론의 풍요를 탐낸 외부의 정복자들을 방어하는 수준이었다. 바빌론의 왕들은 지혜와 진취성과 정의로움을 대변했고, 온 세상에 바빌론의 권위를 내세우며 정복하려는 오만한 왕도 없었다.

바빌론은 이미 역사의 뒤안길로 사라진 도시다. 수천 년 동안 도시를 지탱하던 정열적인 시민들이 모습을 감추자 도시는 폐허로 변했다. 바빌론의 흔적은 수에즈 운하에서 동쪽으로 약 960킬로미터 떨어진 곳 페르시아만 북쪽에 있었다. 위도로는 북위 30도, 아리조나의 유마시와 거의 비슷한 환경이었다. 말하자면 뜨거운 햇살이 내려쬐는 건조한 땅이었다.

과거에는 거대한 관개수로 덕분에 광활한 농경지가 있었던 그 땅이 지금은 황무지로 변해버렸다. 키작은 나무와 풀만이 생존을 위해 거친 사막바람에 맞서 몸부림치고 있을 뿐이다.

비옥한 농토는 사라진 지 오래다. 물건을 가득 실은 대상의 행렬과 거대한 도시도 사라진 지 오래다. 양과 염소를 키우면서 힘겹게 살아가는 유목민이 그 땅에서 만날 수 있는 유일한 사람들이다.

오랫동안 그 땅을 눈여겨보는 사람은 없었다. 여행자들도 바빌로니아의 옛 땅을 지나면서 그저 황무지로 생각했을 뿐이다. 그러나 간헐적으로 쏟아진 폭우에 토기 파편과 벽돌 조각들이 씻겨 나오면서 고고학자들이 그 땅에 관심을 기울이게 되었다. 유럽과 미국의 박물관에서 후원을 받은 탐사대가 그곳에 파견되면서 대대적인 발굴작업이 시작되었다. 옛 도시들의 흔적이 연이어 발견되었다. 고고학자들의 표현대로 도시의 무덤들이었다.

바빌론도 그렇게 발견된 도시 중의 하나였다. 수천 년 동안 바람이 사막의 먼지로 바빌론을 뒤덮고 있었던 것이다. 게다가 진흙을 빚어 만든 벽돌로 건설된 도시였던 까닭에 성벽과 건물들도 풍화되면서 다시 흙으로 되돌아가고 말았다. 한때 세상에서 가장 풍요로웠던 도시, 바빌론은 그렇게 먼지더미로 변해버렸다.

이름마저 잊혀진 채 오랜 세월 동안 버려져 있던 도시에서 시간의 찌꺼기를 조심스레 벗겨내자 과거의 영화를 증명해주는 널찍한 도로와 웅장한 궁전과 신전의 흔적이 드러났다.

대부분의 학자들은 유프라테스 유역에서 바빌론을 중심으로 발전된 도시 문명권을 인류의 역사에서 가장 오래된 문명세계라 생각한다. 적어도 기원전 6000년까지 거슬러 올라가는 문명세계이다. 이렇게 확신한 이유가 무엇이었을까? 바빌론의 폐

허지에서 발견된 일식에 대한 기록 덕분이었다. 현대 천문학자들은 바빌론 지역에서 일식이 일어난 때를 계산해낼 수 있었고, 그 결과 그들이 사용한 역법과 현재의 역법 사이의 관계까지도 밝혀낼 수 있었다.

이로써 기원전 6000년 전 바빌로니아를 건설한 수메르 사람들은 성곽으로 둘러싸인 도시에서 살았다는 사실이 증명되었다. 그런 도시가 얼마나 오래전부터 존재했는지에 대해서는 추측만이 가능할 뿐이다.

수메르 사람들은 단순히 성곽이나 쌓고 살았던 야만인이 아니었다. 그들은 교양과 지혜를 겸비했고 역사상 최초의 엔지니어, 천문학자, 수학자, 금융인들이었으며 문자와 문학을 가진 최초의 민족이었다.

황무지를 농업의 천국으로 탈바꿈시킨 관개수로에 대해서는 이미 언급했다. 관개수로가 지금은 모래로 가득 채워져 있지만 수로의 흔적은 아직도 뚜렷이 남아 있다. 10마리의 말이 나란히 걸을 수 있을 정도로 엄청난 규모의 수로였다. 콜로라도와 유타에서 가장 큰 수로에 필적할 만한 규모였다.

계곡의 척박한 땅을 적셔준 관개수로 이외에도 바빌로니아 사람들은 비슷한 규모의 토목공사를 해냈다. 그들은 유프라테스강과 티그리스강의 하구에 있던 거대한 늪지대를 간척해서 농토로 만들었던 것이다.

그리스의 역사학자 헤로도투스는 바빌론을 방문해서 그 도시에 대한 기록을 우리에게 남겨준 유일한 외부인이었다. 그의 글은 바빌론의 찬란한 문명과 독특한 풍습을 생생하게 전해준다. 물론 비옥한 농토와 그 땅에서 수확되었던 밀과 보리에 대한 기록도 빠뜨리지 않았다.

바빌론의 영광은 자취를 감추었지만 그들의 지혜는 지금까지 전해진다. 그들이 남긴 기록에서 우리는 삶의 지혜를 배울 수 있다. 종이가 발명되지 않았던 시대였지만, 그들은 축축한 진흙판에 글을 새겼다. 그렇게 완성된 점토판을 불에 구워 단단하게 만들었다. 대부분의 토판 가로 15센티미터, 세로 20센티미터의 크기이고 두께는 2.5센티미터 정도이다.

이 점토판들이 그들에게는 종이였다. 점토판에 전설과 역사와 시가 씌어졌고 왕의 칙령과 법이 기록되었다. 또한 점토판은 토지문서와 약속어음의 역할도 해냈다. 때로는 멀리 떨어진 친구에게 보내는 편지가 씌어 있기도 했다. 이런 점토판들을 통해서 우리는 그 시대를 살았던 사람들의 개인적인 삶까지도 엿볼 수 있다.

가령 한 상점주인이 남긴 듯한 점토판에는 흥미로운 기록이 담겨 있다. 어느 날 손님이 암소 한 마리를 끌고 와서 밀가루 일곱 자루와 교환했는데, 우선 세 자루를 가져가고 나머지 네 자루는 그 손님이 원하는 때에 가져가기로 했다는 기록이다.

고고학자들은 모래먼지로 덮인 도시의 잔해에서 수십만 장의 점토판이 보관된 거대한 서고를 발견했다. 바빌론의 경이로움은 여기에서 끝나지 않는다. 무엇보다 놀라운 것은 바빌론을 둘러싼 거대한 성벽이었다.

기원전 225년 필론이 이집트 피라미드와 더불어 '세계 7대 불가사의'의 하나로 거론했던 웅대한 바빌론 성벽이었다. 바빌론에 성벽을 최초로 쌓았던 사람은 세미라미스 여왕으로 알려져 있다. 그러나 고고학자들은 최초의 성벽에 대한 어떠한 흔적도 찾아낼 수 없었다. 따라서 정확한 높이도 알 수 없지만, 필론을 비롯한 고대 저술가들의 기록에 따르면 높이가 대략 15~18미터였고 외벽에는 구운 벽돌이 붙여졌으며 깊은 해자가 둘러져 있었다.

그리고 기원전 600년경 나보폴라사르 왕이 바빌론의 성벽을 다시 쌓기 시작했지만 그 원대한 계획이 완성되는 것을 보지 못하고 세상을 떠나고 말았다. 그러나 성경에도 등장하는 느부갓네살이 왕위를 계승하면서 아버지의 유업을 완성시켰다.

그 성벽의 높이와 길이는 믿어지지 않을 정도이다. 한 자료에 따르면 높이는 48미터, 길이는 14~17킬로미터였다. 성벽 상단의 폭도 상당히 넓어서 6두마차가 자유롭게 달리 수 있었다. 그런데 이 엄청난 구조물이 세월의 풍상에 먼지로 변해 이제는 기초석과 해자의 일부만이 남아 있을 뿐이다. 아랍인들이 다른 곳에 건물을 세우려고 성벽의 벽돌을 캐낸 것도 그 웅대한 성벽의 운명을 재촉한 원인이었다.

당시는 정복의 시대였다. 바빌론의 풍요로움도 정복자들이 탐내는 먹이감이었다. 수많은 정복자들이 바빌론을 에워싸고 항복을 받아내려 했지만 바빌론의 성벽은 어떤 공격이라도 거뜬히 이겨냈다.

그 시대의 침략군을 결코 가볍게 생각해서는 안 된다. 역사학자들의 주장에 따르면 기병 1만명 , 전차 2만 5천대, 보병 연대 1천 2백으로 구성된 대대적인 침략군이었다. 병사를 모집하고 식량을 준비하는 데도 2~3년이 걸린 엄청난 규모의 침략군이었다.

바빌론의 구조는 현대 도시와 거의 똑같았다. 널찍한 도로가 있었고 상점들이 있었고 주거지를 돌아다니며 물건을 파는 행상인들도 있었다. 장려한 신전을 관리하는 성직자들도 있었다. 성내에는 왕궁을 둘러싼 높은 담이 있었다. 왕궁의 담은 바빌론 시내에서 가장 높은 담이었다.

바빌로니아 사람들은 예술에서도 뛰어난 능력을 지닌 민족이었다. 조각과 회화, 직조술과 세공술에서 탁월한 솜씨를 보여주었다. 따라서 바빌론의 유적지에서 발굴된 보석들은 예술품이나 다름없었다. 게다가 그들은 금속으로 무기와 농기구를 만들었다.

다른 세계에 살던 사람들은 돌도끼로 나무를 패고 돌을 날카롭게 연마한 창과 화살로 사냥을 하던 시절에 바빌로니아 사람들은 금속으로 만든 도끼와 창과 화살을 사용하고 있었다.

게다가 바빌로니아 사람들은 뛰어난 금융인들이고 상인이었다. 지금까지 밝혀진 바에 따르면, 교환 수단으로 돈과 어음 제도를 발명하고 재산권을 문서로 기록한 최초의 민족이었다.

그러나 바빌론도 기원전 540년경 침략군에게 정복당하고 말았다. 그러나 바빌론 성벽이 무너진 것은 아니었다. 바빌론의 몰락은 지도자의 잘못된 판단이 가져온 비극이었다. 당시 가장 위대한 정복자로 이름을 떨치던 키로스2세가 난공불락의 성벽을 자랑하는 바빌론을 노리고 한 걸음씩 다가오고 있었다. 그때 바빌론의 왕 나보디누스는 원로들의 조언을 받아들여 바빌론이 포위되기 전에 출정해서 키로스 2세와 전쟁을 벌이기로 했다. 그러나 키로스 2세의 강력한 군사력에 바빌론의 병사들이 연패를 당하자 나보디누스는 바빌론을 버리고 달아날 수밖에 없었다. 그래서 키로스 2세는 아무런 저항도 받지 않고 바빌론에 입성할 수 있었다.

그후 바빌론의 위세와 명성은 급속히 쇠락하면서 결국에는 버려진 땅이 되고 말았다. 그리고 바람과 폭풍이 사막의 모래를 옮겨오면서 바빌론의 아름다운 풍광은 다시 옛날로 돌아가고 말았다. 바빌론은 그렇게 몰락한 후 다시 일어서지 못했다. 그러나 그들이 남겨놓은 문명의 흔적들은 여전히 우리 곁에서 살아 숨쉬고 있다. 기나긴 시간이 흘렀지만 바빌론의 지혜만은 영원히 우리에게 남아있다.

바빌론 최고의 부자

돈과 재산을 불리는 7가지 원칙

초판 1쇄 인쇄 2021년 12월 10일
초판 1쇄 발행 2021년 12월 20일

지은이 조지S. 클래이슨
옮긴이 안희탁

펴낸이 신민식
만든이 신지원
펴낸곳 도서출판 지식여행
출판등록 제 2010-000113호

주소 서울 마포구 토정로 222 한국출판콘텐츠센터 419호
전화 02-333-1122
팩스 02-332-4111
이메일 theorigin1971@gmail.com
홈페이지 www.sirubooks.com

영업 휴먼스토리 070-4229-0621
인쇄·제본 한국학술정보

ISBN 978-89-6109-524-2 (03320)
값 11,800원